Tim Bärsch

AF200032

Gedisst
Gehatet
Gemobbt

Das Anti-Mobbing-Buch für Schulklassen,

Sport- und Jugendgruppen mit Extrateil

zum Thema Cybermobbing

Gedisst – Gehatet - Gemobbt
Das Anti-Mobbing-Buch für Schulklassen, Sport- und Jugendgruppen mit Extrateil zum Thema Cybermobbing
Copyright © 2019 (Text, Fotos, Cover, Grafiken, Satz): Tim Bärsch
Profilfoto Seite 83: Sandro Georgi (www.sandrogeorgi.com)
Covergestaltung: Ronja Göhausen (r.goehausen@gmail.com)
Danke für die Unterstützung: Sibylle Bärsch, Sven Hulvershorn, Sabrina Uebbing, Marian Rohde, Dirk und Maira Hintze, Vera Lemke, Petra, Paula und Karoline Lachnicht, Andrea Kundt, Veronika Lim, Carolin Holtschulte, Florian van Rheinberg, Michel Buschmann, Miriam Uehren, Nina Bartholomé, Jennifer Aden, Sylvia Taron, Daniel Goncalves, Maike Schäfer, Klaudia Patrycja Krawczynski, Alica Bartfeld, Sabrina Eckers und Christine Günes
Bibliografische Information der Deutschen Nationalbibliothek
Die Deutsche Nationalbibliothek verzeichnet diese Publikation in der Deutschen Nationalbibliografie; detaillierte bibliografische Daten sind im Internet unter http://dnb.d-nb.de abrufbar.
Damit das Buch leichter zu lesen ist, habe ich die **männliche Schreibweise** gewählt. Es sind aber alle Geschlechter damit gemeint.
Herstellung und Verlag: Books on Demand GmbH, Norderstedt
ISBN: 9783749481255

BaER® Akademie Essen
Internet: http://www.baer-sch.de
Email: kontakt@baer-sch.de

Inhaltsverzeichnis

1. Vor-denken

„Wenn wir uneins sind, gibt es wenig, was wir tun können. Wenn wir uns einig sind, gibt es wenig, was wir nicht tun können." John F. Kennedy

Laut Befragungen in Skandinavien, England und Deutschland geht man davon aus, dass etwa jedes siebte Kind schon mal gemobbt wurde. Etwa vier Prozent werden mehrmals die Woche (oft sogar täglich) gemobbt. Zusätzlich konnte in vielen Untersuchungen ein Zusammenhang zwischen Mobbing und Suizid (Selbstmord) festgestellt werden. Ebenso geben Amokläufer (*erweiterter Suizid*) an, dass sie sich oft gemobbt fühlten. Mobbing wird auch als Hauptgrund für längerfristiges Schulschwänzen angegeben.

Ich arbeite viel mit jugendlichen Straftätern und mit Schulkassen zum Thema Gewalt. Da ist Mobbing immer wieder ein wichtiger Teilbereich. Auf der Suche nach einem passenden Buch fand ich meistens reine Sach- oder Übungsbücher. Die Romane fand ich zu lang oder oft war Suizid oder der Amoklauf am Ende. Glücklicherweise ist dies nicht so oft (trotzdem viel zu häufig) das Ende einer Mobbingreihe. Seelische und körperliche Verletzungen sind hingegen viel häufiger. Deshalb entschied ich mich selbst, ein Buch darüber zu schreiben – <u>kein</u> Suizid, <u>nicht</u> zu wissenschaftlich, <u>nicht</u> zu lang und auch <u>nicht</u> *zu* klischeehaft. Ich hoffe, es ist mir gelungen.

2. Mobbing - Begriffe

„Die Welt wird nicht bedroht von den Menschen, die böse sind, sondern von den Menschen die Böses zulassen."
Albert Einstein

Das englische Wort „**to mob**" bedeutet übersetzt, jemanden belästigen oder anpöbeln. Als „Mob" wird auch eine aufgebrachte Gruppe bezeichnet, wie zum Beispiel die Dorfbewohner, die das Biest in „Die Schöne und das Biest" töten wollten.

Der **Verhaltensforscher** Konrad Lorenz hat 1963 „Mobbing" auf Gänse bezogen, die als Gruppe einen Fuchs „fertig gemacht haben". Die Ärzte Peter-Paul Heinemann und Heinz Leymann übernahmen den Begriff dann für Menschen - Heinemann für Schüler auf dem Schulhof und Leymann für die Arbeitswelt.

Mobbing geschieht regelmäßig <u>und</u> über einen längeren Zeitraum. Es ist eine Art „**Psychoterror**". Ein Mensch wird von einer Gruppe schikaniert, respektlos (abfällig) behandelt, erniedrigt, ausgegrenzt, fertig gemacht, angefeindet, gehänselt, gedemütigt, bedroht, gequält, körperlich und/oder seelisch verletzt. **Mobbing ist <u>Gewalt</u> und tut weh.** Die Gehirnforschung (u.a. Joachim Bauer) konnte nachweisen, dass seelische Verletzungen genauso wehtun können wie körperliche und langfristige Nachwirkungen hinterlassen.

Ich mag die **Begriffe** „Opfer" und „Täter" nicht. Beide Begriffe drücken Menschen einen Stempel auf und „Opfer" wird auch gerne als Schimpfwort genutzt. Deshalb schreibe ich von Mobbern (oder Mobbing-Gruppe) und von Mobbing-Betroffenen.

Der **Begriff Mobbing** wird oft (vor)schnell in den Mund genommen, wenn jemand geärgert wird. Doch eine Einzelperson kann einen anderen <u>nicht</u> mobben. Dazu benötigt sie eine Gruppe, die mitmacht und meist auch Zuschauer, die <u>nicht</u> eingreifen.

Bullying wird im englischsprachigen Bereich meist als Begriff für „Mobbing" benutzt. Bully bedeutet „brutaler Kerl". In Deutschland wird die Bezeichnung Bullying manchmal bei Mobbing unter Schülern, manchmal bei Schikanen von Einzeltätern und manchmal bei extremer körperlicher Gewalt genutzt.

Bossing ist Mobbing durch Vorgesetzte (eventuell auch Lehrer).

Staffing wird es genannt, wenn Vorgesetzte gemobbt werden.

Stalking ist das Nachstellen von einer Person, oft einhergehend mit Belästigung und Bedrohung.

Cybermobbing habe ich ein eigens Kapitel (Nr. 6) gewidmet.

Pranken bedeutet so viel wie hereinlegen, veralbern oder „verarschen". Es können harmlose Streiche sein, aber auch extreme und hinterhältige Straftaten, die dann eventuell später für alle Welt auf Social-Media-Plattformen (wie YouTub)e zu sehen sind.

Dissen ist das Fertigmachen von einem Menschen, indem man schlecht und verächtlich von ihm redet. Der Begriff kommt aus der Hip-Hop- und Rap-Szene und wurde abgeleitet von „disrespect" (Respektlosigkeit) und „discriminate" (diskriminieren).

Von **HateSpeech** (Hassrede) spricht man, wenn im Internet und in Social-Media-Räumen Menschen abgewertet bzw. angegriffen werden oder wenn gegen sie zu Hass oder Gewalt aufgerufen wird. Oft handelt es sich um gruppenbezogene Menschenfeindlichkeit, z.B. Rassismus, Sexismus, Homophobie oder Diskriminierung aufgrund von Religionszugehörigkeiten. Es gehört auch der **Lookismus** dazu, bei dem Menschen wegen ihres Aussehens angefeindet werden.

Hater wollen ihre Meinung um jeden Preis im Internet veröffentlichen und dabei andere Menschen psychisch verletzen.

Trolle sind Hater, die in Social-Media-Räumen die Kommunikation stören und provozieren wollen. Durch diese organisierte Hatespeech sollen Menschen geködert („Trolling with bait" kommt aus der Anglersprache) und bestimmte Ideologien vermittelt werden. Neben Langeweile und Spaß besteht oft der Wunsch, der Community zu schaden und einige werden sogar für Propagandazwecke bezahlt.

3. Erster Trainingstag

„Du kennst doch bestimmt den Spruch, dass Gott die Menschen nach seinem Ebenbild erschaffen hat. Guck dich mal um! Wenn man davon ausgeht, dass Gott ein Arschloch ist, ergibt das plötzlich mächtig viel Sinn."
Das Känguru (Mitbewohner von Marc-Uwe Kling)

„Wie heißt die Hauptstadt von Frankreich?", fragt Frau Boschdel und schaut in die Klasse. Dann geht sie einen Schritt vor: „Justin!" Justin schaut langsam hoch und bewegt die Lippen ohne etwas zu sagen. Frau Boschdel verdreht die Augen und fährt weiter fort: „Oder hast du gerade etwas Besseres zu tun?" „Ja, wahrscheinlich essen", flüstert Timur seinem Kumpel Paul zu. Beide grinsen. Frau Boschdel schaut zu Timur und Paul. Dabei schüttelt sie mit einem Lächeln den Kopf und stellt Timur die Frage: „Okay Timur, dann erleuchte du uns doch mal, wie die Hauptstadt heißt?" „Paris", antwortet Timur wie aus der Pistole geschossen. „Geht doch!", erwidert Frau Boschdel und schaut noch einmal vorwurfsvoll in Justins Richtung.

Paul klopft Timur leicht anerkennend auf die Schulter, als hätte Timur wirklich etwas geleistet. Paul und Timur sind beste Freunde. Sie haben oft die gleichen Vorlieben, zum Beispiel Fortnite und Star Wars. Sie hassen aber auch oft die gleichen Dinge, zum Beispiel Zicken und GL (Gesellschaftslehre) bei Frau Boschdel. Beide kommen soweit im Unterricht klar, doch Spaß ist etwas anderes. Frau Boschdel sucht sich gerne Schüler aus, die sie dann vorführt. Zu Timurs und Pauls Glück hat sie es in letzter Zeit auf Justin abgesehen. Justin ist erst in diesem Schuljahr in die Klasse gekommen, weil seine Familie umgezogen ist. Da er ein wenig kräftiger ist, macht es Spaß, ihn mit Dicken-Witzen zu ärgern. Okay, Antoni und Michel in der Klasse sind vielleicht sogar dicker, aber irgendwie sind die Witze bei denen nicht so lustig.

Schon sucht Frau Boschdel ein neues Opfer: „Wie heißt der Fluss, der durch Paris fließt?" Wie ein Geier schaut sie sich um. Die meisten Schüler schauen unbeteiligt auf die Tische und versuchen cool zu wirken. Einigen gelingt es - einigen nicht. Katharinas Finger schnellt in die Höhe. Sie ist Klassenbeste, gefolgt von Paul. „Weiß es noch jemand anderes, außer Katharina?", hallt es durch den Klassenraum. Dann nickt die Lehrerin ihrer Lieblingsschülerin zu, die mit: „die Seine" richtig antwortet. „Sehr gut, und wie heißt die Kathedrale in Paris, die im April 2019 fast abgebrannt ist?" Katharina meldet sich erneut. Frau Boschdel schaut sich um und ergänzt großzügig: „Ihr kennt doch bestimmt den Disney-Zeichentrickfilm, der in und um diese Kathedrale herum spielt." Immer noch ist nur Katharinas Hand oben. Frau Boschdel ergänzt weiter: „Ein unansehnlicher buckliger Junge ist unglücklich verliebt in ein hübsches Zigeuner-Mädchen." „Justin und Katharina!?" tönt es da aus der letzten Reihe. Viele lachen oder schmunzeln. Justin dreht sich mit rotem Kopf wütend um, kann jedoch den Sprecher der letzten Worte nicht ausmachen. Er erhebt sich leicht und grummelt: „WER?" Frau Boschdel baut sich vor ihm auf und ermahnt ihn: „Justin, Humor ist eine wichtige menschliche Eigenschaft und unterscheidet uns von den Affen." Mittlerweile sind einige Finger oben. Die Lehrerin nickt Paul zu, der mit „Notre-Dame" antwortet. „Genau genommen La Cathédrale Notre-Dame de Paris", korrigiert Frau Boschdel und fragt weiter: „Weiß jemand, wann Notre-Dame erbaut wurde?" Der Finger von Katharina ist oben.

Zögerlich bewegt sich aber auch der Arm von Justin und er meldet sich. Frau Boschdel schaut ihn überrascht an und nickt ihm dann zu. „11 - 11 - 1163 bis 1345", stammelt Justin stolz, da er sich gut Zahlen merken kann. Erst vor kurzem hatte seine Mutter ihm erklärt wie lange so ein Bau dauern kann, nachdem sie einen Artikel über den Neuaufbau gelesen hatte. „Ja, das stimmt", verkündet die Lehrerin und ergänzt: „Anscheinend ist mein Unterricht so gut, dass hier jeder etwas lernen kann." Die Stunde ist so gut wie gelaufen, da kommt von der unbeliebten Lehrerin die Schreckensnachricht: „Übrigens habt ihr gleich nach der Pause keine Klassenstunde bei Herrn Schockenhoff, sondern bei mir GL. Bei eurem Wissensstand erscheint mir dies auch sehr sinnvoll zu sein." Timur muss schlucken und schaut sich in der Klasse um. Allgemeine Begeisterung sieht definitiv anders aus. Frau Boschdel fährt fort: „Katharina, Timur, Paul und Samuel sollen bitte gleich rüber in die Nachbarklasse. Herr Schockenhoff möchte etwas mit euch besprechen." Erleichterung und Unsicherheit breiten sich in Timurs Kopf aus: *„Super, keine Boschdel - aber was will der Schockenhoff?"*

PAUSE

Zwanzig Minuten später sitzen Katharina, Timur, Paul und Samuel im Nebenraum. Die Tische sind ein wenig beiseite geschoben und fünf Stühle stehen in Kreisform in der Raummitte.

Noch ist kein Lehrer in Sicht und Samuel fragt die anderen: „Was will der Schockenhoff von uns?" „Ich habe in der Pause mitbekommen, dass es irgendwie um Justin geht", antwortet Katharina. Die drei Jungs schauen Katharina verblüfft an. „Justin?", entfährt es Paul, „sollen wir verhindern, dass er platzt?" Dabei schaut er amüsiert zu Timur. Doch bevor dieser reagieren kann, meint Samuel zu den beiden: „Vielleicht hat irgendjemand den Lehrern gesteckt, wie ihr Justin behandelt!" „Ach ja? Wie behandeln wir denn DEINEN Justin?!", schießt Paul zurück, der sich angegriffen fühlt. Katharina springt Samuel zur Seite: „Ihr macht schon eine Menge Witze über Justin." Timur schaut Katharina verwirrt an: „Ich mache

11

über jeden Witze." „Ja und über Justin besonders", erwidert das Mädchen. Diesmal reagiert Paul: „Das machen doch alle! Und die anderen sind noch viel heftiger, zum Beispiel die Boschdel." „Bei mir kann jeder Affe etwas lernen, sogar der fette Justin", äfft Timur seine GL-Lehrerin nach. Paul grinst ihn an, Katharina schaut wütend. Timur versucht sich zu rechtfertigen: „Das ist doch nur Spaß. Justin versteht das und ist auch nicht sauer deshalb." „Ach ja? Hast du ihn mal gefragt?", möchte Samuel wissen. Timur antwortet: „Justin fängt doch oft selbst an. Dann will er es doch wohl so." „Der schreit doch förmlich danach. Dann soll er es auch kriegen", unterstützt Paul seinen Freund und fährt weiter fort: „Hast du mal sein Megahaus gesehen?! Der hält sich doch für was Besseres." „Gleich kommt noch so ein Mist wie ʹGesetze des Schulhofsʹ und ʼdas macht ihn nur härterʹ", kontert Katharina. „Genau!" entfährt es Paul und Timur gleichzeitig. Katharina verdreht die Augen und man kann in ihrem Gesichtsausdruck lesen: *„Boahh, JUNGS!"*

Aber auch Samuel atmet hörbar aus. Er ist der Sportlichste in der Klasse. Mittlerweile hat er den braunen Gurt im Brasilianischen Jiu Jitsu erhalten, aber auch in Ballsportarten ist er herausragend. Trotzdem ist er irgendwie ein Außenseiter in der Klasse. Samuel hat sich auch noch nie am Nachmittag mit einem Klassenkameraden getroffen. Entweder ist er mit der Familie unterwegs oder beim Training. Da seine Mutter brasilianische Wurzeln hat, ist seine Haut recht dunkel. Seine Nachbarin sprach immer von einem „haselnussbraun"; das gefiel ihm. Zu Samuels Verwunderung hat er in der Klasse noch nie Sprüche aufgrund seiner Hautfarbe bekommen. In der Bahn, in der Stadt, im Park schon mal, aber noch nie im Klassenraum. Sein Onkel sagt immer, weil er so ein guter Kampfsportler ist, trauen sich die anderen nicht. Das glaubt Samuel nicht. Die anderen haben ihn nie kämpfen sehen, denn er hat sich noch nie in der Schule geprügelt. Und kein Mensch hat Angst vor ihm. Das würde er merken. Trotzdem lassen ihn alle in Ruhe und er findet es gut so. Samuel hält sich aus den meisten Klassensachen raus. Trotzdem hat er gemerkt, dass Justin immer mehr Sprüche abbekam, aber er wollte sich nicht einmischen. In diesem Moment kommt es ihm falsch vor und er findet es ungerecht, wie Justin behandelt wird.

Paul reißt ihn aus seinen Gedanken mit den Worten: „Aber ihr müsst doch zugeben, dass Justin irgendwie anders ist und nicht so zu uns passt." „Wie ist er denn? SCHWARZ?!", überkommt es Samuel und schaut dabei Paul herausfordernd an. Dieser schaut verlegen auf den Boden.

Da betritt der Klassenlehrer Herr Schockenhoff den Raum und schließt die Tür hinter sich. Er setzt sich auf den letzten freien Stuhl im Kreis, schaut sich um und nickt in die Runde. Die Schüler grüßen nickend zurück und Timur fragt direkt: „Stimmt es, dass wir wegen Justin hier sind?" „Jupp", kommt es von Herrn Schockenhoff. „Was hat er denn gepetzt?", möchte Paul wissen, „Sie wissen ja, dass Justin oft übertreibt, damit er im Mittelpunkt steht." Der Klassenlehrer lässt Paul aussprechen und antwortet dann ruhig: „Darum geht es nicht, Paul. Justin hat nicht übertrieben und nicht gepetzt. Ich habe beobachtet, dass Justin sich nicht wohl fühlt. Da habe ich ihn angesprochen. Er sagte zuerst, dass er keinen weiteren Ärger haben wollte. Doch dann sagte er, dass es eigentlich im Moment für ihn nicht schlimmer werden könnte. Es könnte nur besser werden."

„So schlimm kann es doch nicht sein", reagiert Timur, „wir haben uns doch hinterher immer mit ihm vertragen. Letzte Woche habe ich zum Beispiel mitgekriegt, dass sich Lea und Ahmet bei ihm entschuldigt haben." Katharina meldet sich und Herr Schockenhoff deutet mit der offenen Hand an, dass sie sprechen darf: „Ich sehe auch, dass es Justin schlecht geht. Aber warum sind wir vier hier? Sollen wir Justin beschützen?" „Nicht ganz", antwortet der Klassenlehrer, „ich wollte euch bitten, Justin, die anderen Mitschüler und mich zu unterstützen, damit das Klima in der Klasse besser wird.

Dazu möchte ich insgesamt in fünf Einheiten mit euch und teilweise auch mit Justin erarbeiten, wie das gehen könnte. Ich zwinge euch zu nichts. Ihr bekommt auch keine schlechten Noten, wenn ihr nicht mitmacht. Nächste Woche haben wir die nächste Einheit und dann würde ich gerne wissen, wer weiterhin dabei ist."

Es folgen noch einige Informationen, Diskussionen, Erklärungen und eine Rückmelderunde. Dann endet die erste Einheit und Herr Schockenhoff entlässt die Schüler. Beim Rausgehen ergänzt er: „Ganz wichtig ist, dass natürlich alles unter uns bleibt. Okay?" Mit einem einstimmigen Nicken und einige gemurmelten Worten wie: „Klar, Herr Schockenhoff", verlassen die Schüler den Raum.

4. Mobbing - Entstehung

„Furcht ist der Pfad zur dunklen Seite. Furcht führt zu Wut, Wut führt zu Hass, Hass führt zu unsäglichem Leid."
Jedi-Meister Yoda

Mobbing findet man **überall**, wo Menschen aufeinandertreffen: am Arbeitsplatz, in der Schule, in der Nachbarschaft, im Internet oder über das Smartphone, in Vereinen oder anderen Freizeitgruppen. In Zwangsgruppen (z.B. Schule) passiert es öfter, weil der Mobbing-Betroffene sich der Gruppe nicht so leicht entziehen kann. Bei längerfristigem oder häufigem Fehlen in der Schule wird Mobbing oft als Hauptgrund angegeben.

Untersuchungen zeigen, dass es **keinen typischen** Mobbing-Betroffenen gibt. Natürlich ist es leichter, wenn die Person wenig Unterstützung von anderen erfährt und auch wenig Gegenwehr von ihr zu erwarten ist. Da bieten sich erst einmal Außenseiter an, doch das muss nicht sein.

Jeder kann gemobbt werden!

Auf Dauer leidet bei jedem das Selbstwertgefühl und der Mut zur Gegenwehr nimmt ab. Da nützt dann oft auch kein Einzeltraining mit dem Betroffenen. Und ist jemand in dieser Mobbing-Spirale gefangen, kommt er oft nicht alleine da heraus. Er akzeptiert sogar die Rolle und übernimmt diese in anderen Gruppen, auch wenn er die Schule wechselt. Die Betroffenen schweigen oft und leugnen es sogar, wenn sie gefragt werden. Schamgefühl, Angst vor den Mobbern, vor Verschlimmerung, als Feigling oder Petze zu gelten, halten die Betroffenen davon ab, offen darüber zu reden. Mobbing geschieht über einen längeren Zeitraum. Die meisten Autoren schreiben, dass man erst ab mehreren Monaten von Mobbing reden kann. Untersuchungen zeigen zudem, dass die Betroffenen meist über ein Jahr und länger gemobbt werden.

Die Untersuchungen zeigen auch, dass **Mobber** keine sadistischen und soziopathischen „Täter" sind, die sich ein „Opfer" aussuchen und es dann geplant fertig machen. Mobbing ist ein Prozess. Meist gibt es bereits einen oder zwei Anführer, von denen das Mobbing ausgeht. Oft sind diese Anführer in der oberen Gruppenhierarchie und festigen so ihren Status. Die Anführer wünschen sich oft Anerkennung und blenden dabei aus, wie es den anderen dabei geht. Sie vermeiden es, sich in die Lage des Betroffenen zu versetzen.

Grundlegend für das Mobbing sind auch die sogenannten **Unterstützer**, Assistenten, Mittäter oder Verstärker. Es sind zwei oder mehr Menschen, die den Anführern nacheifern. Dafür gibt es verschiedene Gründe:

- Bewunderung der Anführer
- Angst vor den Anführern
- Freundschaft zu den Anführern
- Angst, nicht zur Gruppe zu gehören
- Angst, selbst zum Mobbing-Betroffenen zu werden
- Gruppenstärkung durch den gemeinsamen „Feind"
- Blitzableiterfunktion des Betroffenen
- „Cool" sein wollen
- Gesprächsstoff haben
- Usw.

Den Großteil der Gruppe bilden aber die **Zuschauer**, in der Regel zwischen 60 und 90%. Sie verstärken extrem den Mobbing-Prozess. Da sie oft nicht aktiv eingreifen, fühlen sich die Mobber bestärkt. Auf der anderen Seite glauben die Mobbing-Betroffenen, dass auch die Dulder (Zuschauer) sich gegen sie wenden.

In Menschengruppen kann man immer wieder die gleichen Dinge beobachten. Es gibt dabei verschiedene Theorien über das Gruppenverhalten. Menschen sind Rudeltiere und es gibt in jeder Gruppe eine Hierarchie. Einige Menschen haben mehr zu sagen in der Gruppe und andere weniger. Das ist erst einmal nicht so schlimm, solange niemand darunter leidet. Mobbing kann schnell oder auch langsam entstehen und läuft meist in mehreren **Phasen** ab. (In der Literatur existieren Modelle mit drei bis neun Phasen.)

Phase 1: „Normalphase":

In der „Normalphase" gibt es auch Konflikte zwischen den Gruppenmitgliedern, und gegenseitige dumme Sprüche gehören ebenfalls noch dazu. Es bekommen immer einige wenige mehr ab als andere. Doch so lange alle noch zur Gemeinschaft gehören und niemand für einen längeren Zeitraum mehrmals die Woche geärgert wird, spricht man nicht von Mobbing. Es wechselt auch immer wieder, wer in den Fokus gerät und mehr Sprüche abbekommt.

Phase 2: Entstehungs- oder Verunsicherungsphase:

Oft ist ein Konflikt der Auslöser für den Beginn von Mobbing (muss aber nicht) und die Sprüche und Taten gegen eine bestimmte Person nehmen zu. Meist beteiligen sich zuerst immer mehr vom eigenen Geschlecht am Prozess, nachher wird es auch geschlechtsüber-greifend. Der Betroffene ist meist noch unsicher, ob er wirklich gemobbt wird. Noch gehört er zur Gemeinschaft dazu und Unbeteiligte werden nicht als Mitmobber wahrgenommen. Trotzdem fühlt er sich zunehmend unwohl in der Gruppe. Zu diesem Zeitpunkt kann der Mobbing-Prozess noch leicht durch Gespräche und Übungen aufgehalten werden.

Phase 3: Eskalations- oder Terrorphase:

Die Sprüche und Taten häufen sich. Der Betroffene kann nicht mehr unterscheiden, wer gegen ihn, für ihn oder neutral ist. Er versucht verschiedene Angriffe abzuwehren, doch es scheint aussichtslos. Aggression führt meist dazu, dass die Außenwelt ihn als nervig, anstrengend und unangemessen gewalttätig wahrnimmt. Manchmal kommen dann *so gut gemeinte RatSCHLÄGE* wie „Ignoriere sie *einfach* - dann hören sie auf" oder „Wehr dich *einfach*! Gib Sprüche zurück." Leider funktioniert dies hier meist schon nicht mehr.

Phase 4: Verfestigungs- oder Gewöhnungsphase:

Mit der Zeit gewöhnt sich die Gruppe an den Zustand. Boshaftigkeiten gegen den Betroffenen werden gar nicht mehr als Schikane wahrgenommen. Der Betroffene verliert immer mehr an Selbstwertgefühl und ergibt sich seinem Schicksal. Vereinsaustritte, Kündigungen, Langzeiterkrankungen und Schulschwänzen sind dann mögliche Folgen. Im Extremfall gehören auch Suizid (Selbstmord) und Amoklauf zu den Folgen.

5. Zweiter Trainingstag

„Achte stets auf deine Gedanken, sie werden zu Worten.
Achte auf deine Worte, sie werden zu Handlungen.
Achte auf deine Handlungen, sie werden zu
Gewohnheiten.
Achte auf deine Gewohnheiten, sie werden zu
Charaktereigenschaften. Achte auf deinen Charakter, er
wird dein Schicksal."
Talmud

Die Klasse hat Sport und der Lehrer lässt die Jungen Basketball spielen. Paul ist in seinem Element. Der Sportlehrer fordert ihn und Samuel auf, die Mannschaften zu wählen. Danach setzt er sich auf die Holzbank und schaut in sein Smartphone. „Ich fange an!", bestimmt Paul und schaut sich um, wen er wählen soll. Timur wedelt mit seinem Arm. *„Bester Freund hin oder her"*, überlegt sich Paul, *„aber Frank ist im Basketball besser."* Also zeigt er auf Frank, der sofort zu ihm trottet. Samuel wählt Timur. So geht es hin und her. Am Ende sitzen nur noch Antoni, Michel, Ahmet und Justin auf der Bank. Der Sportlehrer blickt kurz auf. Er hat schon mitbekommen, dass Justin immer als letzter gewählt wird. Im Sport ist er zwar nicht so gut, aber auch nicht der Schlechteste. Also sagt er laut in die Sporthalle: „Und achtet darauf, dass nicht wieder Justin als Letzter gewählt wird. Paul, du hast im Moment wohl die bessere Mannschaft, dann kannst du doch Justin wählen." Mit diesen Worten widmet er sich wieder seinem Smartphone und versinkt in seiner App.

Paul schaut kurz zum Lehrer, überlegt und winkt dann Ahmet zu seiner Mannschaft hinzu: *„Ich lasse mir doch nicht meinen Sieg klauen, nur weil so ein Lehrer das gerne hätte."* Paul gibt immer sein Bestes. „Das Wort Verlieren kennt unsere Familie nicht", sagt sein Vater, „sei immer Erster, denn schon der zweite Platz ist eine Niederlage." Und Paul schafft es auch meist, der Beste zu sein. Als sein Vater erfuhr, dass Katharina besser in der Schule ist, sagte er zu ihm: „Ein Mädchen ist besser als du - vielleicht haben sie dich ja doch nach der Geburt vertauscht." Paul war sehr erschrocken über diese Worte, besonders weil sie so ernst klangen. Er strengte sich mehr an, doch Katharina behielt die besseren Noten. Einmal versteckte er sogar bei einer Arbeit ihren Lieblingsfüller, damit sie eine schlechtere Arbeit schreiben würde. Doch selbst mit einem geliehenen Kuli schrieb sie eine bessere Arbeit als er. Im Ballsport war er aber der ungeschlagene König und das würde er sich nicht versauen, indem er diese Rumkugel in seine Mannschaft wählen würde. Samuel wählt als Nächsten Justin.

Das nachfolgende Spiel verläuft nicht besonders spannend. Pauls Mannschaft gewinnt 38 zu 20. Der Sportlehrer holt gegen Ende noch einmal alle Schüler zusammen: „Ich brauche von einigen Schülern noch Noten. Ihr könnt euch jeweils für eine Sportart entscheiden und ich beobachte in den nächsten Stunden, was ihr da könnt. Paul, ich schätze mal du wählst Basketball. Timur - Leichtathletik. Samuel - Bodenturnen. Justin - ." „Ritter-Sport", ergänzt Timur und einige lachen. „I-I-Ich würde gerne schwimmen", reagiert Justin gar nicht auf den Einwurf. Der Sportlehrer fragt nach: „Du kannst gut schwimmen?" „Ja", erwidert Justin stolz, „ich habe das goldene Schwimmabzeichen." Paul gefällt dieser stolze Unterton nicht und er beugt sich zu Timur, dass es auch die halbe Klasse mitbekommt: „Wer will denn Justin in Badehose sehen? Da kommt doch direkt Greenpeace und will ihn ins Meer zurück schubsen." Das Klingeln ertönt und die Jungen stürzen sich in die Umkleidekabine.

Der Sportlehrer hält Justin zurück und spricht im väterlichen Ton: „Ich versuch das mit dem Schwimmen hinzukriegen. Aber da ist noch etwas anderes. Sollen wir nicht mal deine Sportlichkeit verbessern? Wenn du deine Ernährung änderst und abnimmst, würde man dich in die Mannschaft wählen und auch nicht mehr so ärgern. Wenn du körperlich stärker wirst, wirst du auch geistig stärker. Ich könnte dir dafür deinen persönlichen Trainingsplan erstellen." Justin antwortet mit einem „Danke, ich überlege es mir" und geht niedergeschlagen zu den anderen Jungs in die Umkleidekabine. Dort bespritzen ihn fast alle Jungs mit Wasser aus den Waschbecken. Dazu ruft Paul lachend: „So hast du wenigstens eine Chance zu überleben, bevor du wieder ins Meer darfst."

PAUSE

Nach der Pause haben die vier Schüler ihre nächste Einheit bei Herrn Schockenhoff. „Und? Wer ist dabei?", beginnt der Klassenlehrer die Stunde. „Klar", sagen Timur und Samuel wie aus einem Mund. Katharina meldet sich und Herr Schockenhoff nickt ihr zu: „Ich bin dabei!" Dann wendet sich der Klassenlehrer an Paul, der anmerkt: „Besser als bei der ollen Boschdel zu sitzen". „Das ist schön, dass ihr alle dabei seid", freut sich der Lehrer und schaut nochmal zu Paul, „Ich möchte nicht, dass jemand über andere Schüler oder Lehrer in meiner Gegenwart etwas Negatives sagt. Okay?" Alle nicken und Paul schaut ein wenig beschämt nach unten. Katharina meldet sich und Herr Schockenhoff fordert sie auf zu reden: „In der kleinen Runde brauchst du nicht aufzuzeigen, Katharina." „In Ordnung", bestätigt das Mädchen, „Aber warum haben sie genau uns vier ausgewählt?" Herr Schockenhoff antwortet: „Ich brauche eure Ideen, die wir dann umsetzen werden. Dafür brauche ich eure Fähigkeiten. Paul, du hast viel zu sagen in der Klasse und bist sehr zielstrebig. Timur, du hast oft gute Ideen und bist kreativ. Samuel, du bist engagiert und hilfsbereit. Katharina, du setzt Ideen gut um und erkennst schnell Zusammenhänge."

„Als ich meinem Vater davon erzählt habe, hat er gesagt, dass sie uns bestimmt aushorchen wollen, um zu schauen, was wir falsch gemacht haben", sagt Paul wie beiläufig, hält aber Blickkontakt zu Herrn

Schockenhoff. „Ich kann dich beruhigen", reagiert der Lehrer, „Ich bin KEIN Polizist oder Richter. Ich suche keine Schuldigen. Ich habe euch ausschließlich hier eingeladen, damit WIR unser Klassenklima verbessern." „Und wie sollen WIR das anstellen?", fragt Timur in die Runde. Katharina hebt die Hand und als sie merkt, dass sie sich nicht melden muss, sagt sie: „Zu Beginn ist empathisches Verhalten aller Schüler sinnvoll." „WAS???", schaut Timur sie fragend an. „Empathie ist einfühlendes Verstehen", erwidert Katharina, „das Verhalten gegenüber Justin ist ja der Auslöser dieser Gruppenarbeit. Hast du dir jemals Gedanken darüber gemacht, wie er sich fühlt?" „Nee", antwortet Timur und Paul ergänzt: „Warum auch!?" Herr Schockenhoff schaut Katharina an: „Gut Katharina, genau darum geht es zu Beginn. Sich in andere Menschen hineindenken zu können ist eine wichtige Eigenschaft. Und das Empfinden von Justin wird hier, mit seiner Erlaubnis, noch einmal genauer beleuchtet. Ich habe einige Screenshots von Justin bekommen, die ich nun über den Beamer zeigen möchte. Und wie gesagt: Es geht mir nicht darum Schuldige zu finden. Es geht mir um die Zukunft und nicht um die Vergangenheit, die wir eh nicht ändern können. Zuerst zeige ich euch mal verschiedene Liedtexte, die Justin innerhalb von zwei Tagen geschickt bekommen hat."

Herr Schockenhoff schaltet den Beamer an und nach der Warmlaufphase erscheint der erste Liedauszug:

> **„Dicke" von Marius Müller-Westernhagen:**
>
> *„Dicke schwitzen wie die Schweine ....*
>
> *Dicke haben Blähungen - Dicke ham 'nen dicken Po*
>
> *Und von den ganzen Abführmitteln rennen Dicke oft aufs Klo*
>
> *Und darum, ja darum bin ich froh, dass ich kein Dicker bin"*

Herr Schockenhoff schaut sich in der Runde um und als keine Reaktion kommt, drückt er auf die Weitertaste:

> **„Das arme fette Kind" von Dieakina:**
>
> *„Ich guck nicht durch Augen, ich guck durch Schlitze*
>
> *Im Bus brauch ich immer mehr als drei Sitze*
>
> *Mami tut immer so gut kochen*
>
> *Sie sagt, ich bin nicht fett, ich hab nur schwere Knochen"*

Paul sucht den Blickkontakt zu Timur. Als dieser aufschaut, grinst Paul ihn an. Beide müssen schmunzeln. Herr Schockenhoff geht einen Schritt auf die beiden Schüler zu und sagt: „Einzelne Lieder sind vielleicht lustig. Doch es geht immer so weiter."

Er zeigt den nächsten Liedauszug:

„Fette Kinder" von Brutal Verschimmelt:

„Die kleinen fetten Kinder dieser Wohlstandsgesellschaft

Vollgefressen mit viel Kinderschokolade

Haben nicht mehr von ihrem Leben zu erwarten

Denn sie werden alle bald krepieren - Scheiß fette Kinder"

Herr Schockenhoff fährt weiter fort: „Und es geht so weiter und weiter. Zwei Tage lang bekommt Justin ein Lied nach dem anderen geschickt." und er drückt mehrmals hintereinander die Weitertaste.

„Fette Kinder" von Rockfred.CH:	**„Du süßer kleiner Dicker" v. d. Jacob Sisters:**
„Fette Kinder, leiden unter Fresswahn	*„wird ruhig noch ′n bisschen dicker,*
Sitzen nur noch rum, Hosen platzen in der S-Bahn	*ach das macht dich so seriös.*
′ne richtig fette Wampe, und 5-Fachkinn dazu	*Du hast so etwas mildes,*
Essen fette Pampe, Stühle brechen im Nu"	*doch hast du auch was Wildes?"*
„Ich bin ein dicker Tanzbär" Kinderlied:	**„Du bist zu fett" von Serum 114:**
„Ich bin ein dicker Tanzbär und komme aus dem Wald.	*„Du könntest heulen wie ein Hund, wenn du dich ansiehst*
Ich such mir einen Freund aus und finde ihn schon bald.	*Die fetten Oberschenkel und dein Doppelkinn*
Ei, wir tanzen ja so fein von einem auf das andre Bein."	*Und wieder bist du überzeugt: So will dich niemand sehn!*
	Keiner will dich, keiner mag dich"

„Die fette Elke" von Die Ärzte *„Ich schloss' sie in die Arme, das heißt ich hab's versucht* *Ich stürzte in ihr Fettgewebe wie in eine Schlucht* *Sie ist ein echter Brocken, 3 Meter in Kubik* *Sie sieht so aus wie Putenbrust mit Gurke in Aspik"*	**„Fett und Hässlich" von Abstürzende Brieftauben:** *„Graziös fast wie ein Nilpferd - doch so schnell bist du lange nicht* *Du große Fressmaschine - oben rein und unten raus* *Jeden Tag ne Torte - bald siehst du noch besser aus"*
„Definition von fett" von Fettes Brot *„Du wirst nur dick, wenn du frisst,* *besonders, wenn du fett in Kalorien abmisst.* *Bist du fett, bist du ein Blickfang* *Mann ist der dick, Mann"*	**„Ich bin fett" von den Lochis:** *„Oh nein, ich bin fett - Ich rolle - zu viel Speck* *Verspachte Gummibären, suchte nach Milky Way* *Ess die Lebkuchen weg, mein FB-Profil ist Fake"*
„Dicke dumme Liese" von Äi-Tiem *„Ein riesiges, wabeliges, krötenartiges Wesen* *Dessen birnenförmiger Kopf der auf einem von Fett überquellenden Leib ruht."*	**„Du bist so jami jami" von Tim Tomsen** *„Auch wenn die Leute auf der Straße reden und tuscheln - Wärst du ein Skelett, könnten wir nicht so schön kuscheln* *Du bist so jami jami jami.... fett fett fett"*

„Doch das ist nicht alles. Aus einer WhatsApp-Gruppe sind folgende Screenshots." Und abermals wechselt das Bild an der Leinwand. Die Schüler lesen aufmerksam die Texte durch. Es herrscht eine ungewöhnliche Konzentration und Stille.

A-Team
Achim, Antoni, FB, Michel Baer , Paul, S...

Was sagt ihr zur Klassensprecherwahl? 18:11 ✓✓

Timur
Zum sprechenden Wal Justin? 18:12

Paul
LOL 18:12

Michel Baer

18:14

Lasst den shitstorm 18:15 ✓✓

Achim
Ich höre nur mimimi 18:15

Antoni
Opfer, verstehst auch keinen Spaß 18:16

Timur
Schwimm an den Strand und geh sterben, du Wal 18:17

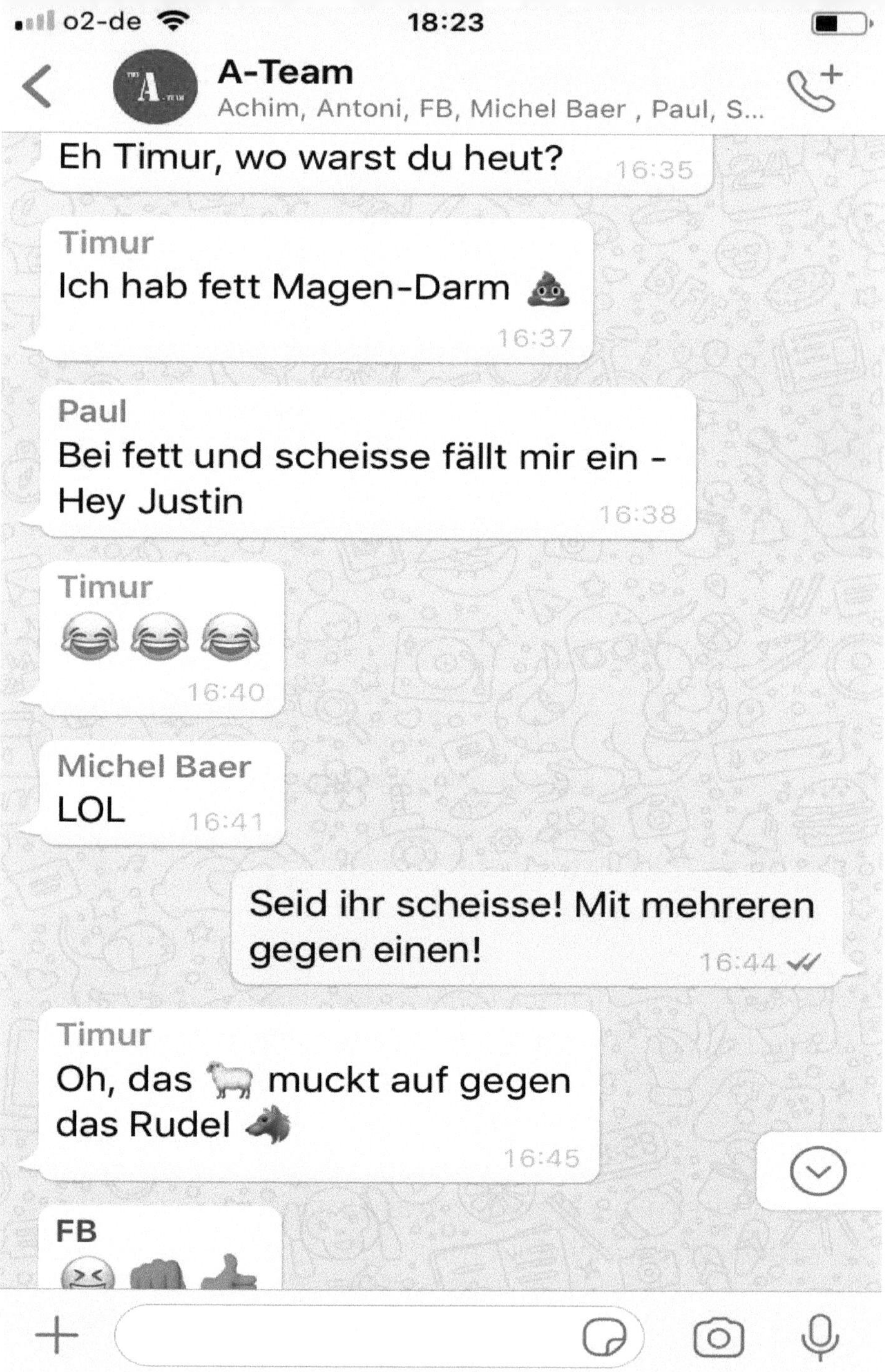

Eh Timur, wo warst du heut?   16:35

Timur
Ich hab fett Magen-Darm 💩
                                   16:37

Paul
Bei fett und scheisse fällt mir ein -
Hey Justin   16:38

Timur
😂 😂 😂
16:40

Michel Baer
LOL   16:41

Seid ihr scheisse! Mit mehreren
gegen einen!   16:44 ✔✔

Timur
Oh, das 🐑 muckt auf gegen
das Rudel 🐺
                                   16:45

FB
>

Justin, wann platzt du eigentlich?

14:45

Bor, lass den Mist 14:46 ✓✓

Michel Baer
Welche arme Sau muss denn das
Grab schaufeln? 😇

14:47

Timur
Es gibt doch so Riesenbagger

14:48

Antoni
Wie wärs mit ins Meer werfen

14:49

Achim
Dann steigt doch der Meeres-
spiegel und wir ersaufen - bin für
ihn in die Sonne schiessen
14:51

FB
 für   14:53

Paul

Es herrscht kurzzeitig eine fast erdrückende Stille, bevor Herr Schockenhoff diese bricht: „Und davon könnte ich noch massig Beispiele zeigen." Paul meldet sich zu Wort: „Das wirkt aber nur so krass, weil Sie es so verkürzt zeigen." „Justin ist erst einige Monate in unserer Klasse und er hat bis jetzt schon so viel einstecken müssen wie andere in ihrer gesamten Schulzeit", geht Katharina auf Pauls Bemerkung ein. „Die meisten Sachen waren doch nur Spaß", entgegnet Timur.

Samuel atmet einmal laut aus und schaut Timur verständnislos an: „Schwimm an den Strand und geh sterben? Das nennst du einen Spaß!?" „Aber Samuel, du hast doch Justin vorhin nach dem Sport auch mit Wasser bespritzt, als alle Jungs sich über ihn lustig gemacht haben!", kontert Paul und verschränkt dabei seine Arme. Katharina schaut erschrocken zu Samuel.

Timur zeigt auf Katharina mit dem Zeigefinger: „Und du hast vor zwei Wochen zu Justin gesagt, dass er der Letzte wäre, den du küssen würdest." „Das ist doch völlig falsch. Ich habe ihn verteidigt und ihr habt gesagt, dass ich ihn küssen solle. Da habe ich nur erwidert, dass er der Letzte wäre, den ..." Katharina verstummt und wird blass. Samuel hat sich wieder beruhigt und reagiert auf die Bemerkung von Paul: „Ja, Paul, ich habe Justin auch mit Wasser bespritzt. Doch je mehr ich hier höre, desto klarer wird mir, was das für eine Scheiße ist." Katharina stimmt ihm zu: „Wir müssen etwas daran ändern.

Aber wie?" Dabei schaut sie hilfesuchend zu Herrn Schockenhoff und die anderen Schüler folgen ihrem Beispiel. Herr Schockenhoff lächelt zufrieden: „Ihr glaubt, ICH kann daran etwas ändern? Das Thema ist bei euch in der Klasse entstanden und deshalb bin ich überzeugt, dass es auch nur in der Klasse gemeinsam gelöst werden kann." „Vielleicht wäre es gut, wenn Justin die Schule wechselt. Gut für uns, gut für ihn", fängt Paul an. „Schwachsinn", reagiert Katharina, „ er hat doch erst die Schule gewechselt." Samuel pflichtet ihr bei: „Vielleicht müssten ja ganz andere Personen die Schule wechseln." Dabei schaut er Paul und Timur herausfordernd an. Herr Schockenhoff schreitet ein: „Meiner Erfahrung nach bringt ein Schulwechsel meist nichts. Es sollte das Klima in eurer Klasse geändert werden. Hat dazu jemand vielleicht noch eine Idee?"

Katharina meldet sich sofort. Herr Schockenhoff grinst sie freundlich an und sie nimmt verlegen die Hand runter: „Wir brauchen moralische Klassenregeln." „Regeln", stöhnt Timur und auch Paul verdreht die Augen. „Und was heißt moralisch?", fragt Timur hinterher. „Das sind unsere Gebote, Gesetze und Regeln. Das wir nicht klauen, nicht schlagen, nicht beleidigen, aber auch in der Bahn aufstehen, wenn eine ältere Dame steht", antwortet Katharina. „Ohne Regeln geht's nun mal nicht", bemerkt Samuel, „jedes Kampfsportturnier könnte ohne Regeln nicht stattfinden. Wir verbeugen uns immer vor dem Gegner und dem Schiedsrichter und erweisen ihnen so Respekt." "Sollen wir uns jetzt vor Justin verbeugen?", fragt Paul und schaut belustigt zu Timur. „Nein", antwortet Timur, „ihn aber vielleicht respektvoll behandeln." Paul öffnet verdutzt den Mund. „Also erstellen wir erstmal Regeln für unsere Klasse, wie wir respektvoll miteinander umgehen", ergänzt Samuel. Katharina lächelt und erweitert: „Respekt-Klassenregeln!" Samuel und Timur nicken sofort. Als die drei Schüler Paul anschauen, nickt dieser zustimmend.

„Das hört sich doch sehr sinnvoll an. Bis zum nächsten Termin macht sich dann mal jeder Gedanken zu diesen Respekt-Klassenregeln. Beim nächsten Mal kommt übrigens Justin dazu. Selbst wenn wir bis dahin noch keine Respekt-Klassenregeln zu Papier gebracht haben, erwarte ich von euch, dass ich keine einzige dumme Bemerkung hören muss." Mit diesen Worten beendet der Lehrer das Thema „Regeln" und nach einer kurzen Rückmelderunde auch die zweite Einheit.

6. Cybermobbing

„Das Tolle am Internet ist, dass endlich jeder der ganzen Welt seine Meinung mitteilen kann. Das Furchtbare ist, dass es auch jeder tut."
Marc-Uwe Kling (Die Känguru-Chroniken)

Cybermobbing ist Mobbing im digitalen Raum mit Hilfe von Smartphone- und Internetdiensten. Dabei sind die meisten Täter und Betroffenen bisher unter 18 Jahre alt.

Seit 1998 werden vom „Medienpädagogischen Forschungsverbund Südwest" Studien über das **Medienverhalten** von Kindern und Jugendlichen durchgeführt. Die KIM *(Kinder, Information, Medien)* - Studie von 2016 und die JIM *(Jugend, Information, Medien)* -Studie von 2018 zeigten, dass Netflix, Amazon Prime Video, Spotify, YouTube und viele andere Internetdienste immer häufiger eine entscheidende Rolle im Leben von jungen Menschen spielen. Es gibt viele positive Aspekte dabei, aber auch negative. Jeder fünfte junge Mensch gibt an, dass schon einmal **falsche oder beleidigende Inhalte** über ihn im Internet verbreitet wurden. Nach dieser Studie sind übrigens „schulisch schlechte Jungen" statistisch eher betroffen als „schulisch gute Mädchen". Mädchen erfahren oft sexualisiertes Cybermobbing in Form von Penisbildern, Body- oder Slut-shaming (Einreden von Schamgefühlen aufgrund des Körpers oder des

Verhaltens). Elf Prozent der Jugendlichen gaben an, dass schon einmal peinliche oder beleidigende Bilder von ihnen gepostet wurden. Die meisten Hassbotschaften begegnen den Jugendlichen bei YouTube und Instagram, vereinzelt auch bei Facebook, WhatsApp, Twitter, digitale Spielen und Kommentarbereichen.

Warum gibt es so viel Mobbing im Netz?

1. Anonymität: Die Mobber fühlen sich oft sicher, weil sie glauben, nicht erwischt werden zu können. Diese Sicherheit verleiht auch Mobbern die Ausdauer immer gemeinere Sachen auszuprobieren.

2. Keine direkte Rückmeldung: Es ist viel leichter jemanden im Netz zu beleidigen, als es demjenigen offen ins Gesicht zu sagen. Die Reaktionen und die Gefühle des Gegenübers sind für die Mobber online nicht sichtbar. Auf diese Weise ist den Mobbern das Ausmaß der verletzenden Worte und Bilder häufig nicht klar.

3. Jederzeit möglich: Zu jeder Tages- und Nachtzeit ist Cyber-Mobbing denkbar. Der Betroffene muss ja nicht wach oder online sein. Man kann alleine etwas Gemeines posten oder man kann es auch in der Gruppe gemeinschaftlich machen.

4. Großes Publikum: Das Publikum ist unüberschaubar groß und die Inhalte verbreiten sich extrem schnell. Gesendete Posts sind nur schwer zu kontrollieren. Daher ist das Ausmaß von Cyber-Mobbing größer als beim echten *Offline-Mobbing*.

Diese vier genannten Punkte sind genau die Dinge, die den Mobbing-Betroffenen das Leben so schwer machen.

1. Anonymität: Wenn die Betroffenen nicht wissen, von wem sie gemobbt werden, kann es praktisch jeder sein. Dies kann zu einer starken Verunsicherung führen.

2. Keine direkte Rückmeldung: Da keine direkte Rückmeldung für die Mobber zu sehen ist, werden die Cyber-Angriffe viel schneller aggressiv und deutlich verletzender als im echten *Offline-Leben*.

3. Jederzeit möglich: Cyber-Mobbing endet nicht nach der Schule oder der Arbeit. Immer, wenn der Betroffene auf das Smartphone, das Tablet oder auf den Computer schaut, kann er angegriffen werden. Also sind auch die eigenen vier Wände kein Schutz mehr.

4. Großes Publikum: <u>Jeder</u> könnte diese Posts mitbekommen haben. *„Das Internet vergisst nicht!"* Und immer wieder gelangen Inhalte an die Öffentlichkeit, die man längst vergessen hatte.

<u>Anbei einige **Internetadressen** zur Vertiefung des Themas:</u>
klicksafe.de – Materialien für Jugendliche, Eltern und Lehrer
juuuport.de – Plattform von Jugendlichen bei z.B. Cybermobbing
smiley-ev.de – Mediennutzung von Kindern und Jugendlichen
schau-hin.info – Tipps zur Mediennutzung und Medienerziehung
watchyourweb.de – Plattform für junge Internetnutzer
netzdurchblick.de – Internetratgeber für Jugendliche

7. Dritter Trainingstag

„ Mit einer geballten Faust kann man keinen Händedruck wechseln. " Indira Gandhi

„Und jetzt, nochmal zusammengefasst: Woran erkennt man denn, ob die Nachrichten im Internet wahr sind?", fragt der etwa dreißigjährige Mann mit Brille. Der Förderverein der Schule hatte für die vier Klassen des Jahrgangs jeweils drei Stunden „Umgang mit dem Internet" finanziert. In der ersten Stunde hatten sie über Datenschutz gesprochen und über alles, was sie deshalb <u>nicht</u> dürfen. Sehr interessant war, dass bereits Achtjährige auf Schadensersatz verklagt werden können. In der zweiten Einheit wurde aufgezeigt, wie sie mit den Privateinstellungen von Instagram, Facebook, WhatsApp und TikTok umgehen sollten. Da gibt es so viel zu beachten. Nun waren „Fakenews" das Thema.

Da der PC-Raum eher kleine Tische hat und man recht nah beieinander hockt, will niemand neben Justin sitzen. Als Lösung bekommt Justin einen Einzeltisch. Katharina zögert kurz, möchte dann doch lieber neben ihrer Schulfreundin Verena sitzen. Katharina meldet sich auf die Frage und antwortet, als der Mann auf sie deutet: „Erstens: Überprüfe, wer hinter einem Inhalt steckt. Schaue bei Internetseiten auf das Impressum und überprüfe die Adresse, die

Fachlichkeit und mögliche Parteilichkeit. Zweitens: ...." „Okay, okay, langsam", unterbricht sie der Internettrainer, wie er sich selbst bezeichnet, „lass deinen Mitschülern auch noch ein Stück vom Kuchen." Dabei grinst er und macht ein komisches Geräusch dazu. Die Klasse schmunzelt. Timur schaut sich den komischen Kauz vor der Klasse genauer an. Der Mann ist groß und schlank; wirkt eher unsportlich. Ein buntes Tattoo am rechten Oberarm lugt aus dem Ärmel seines ungebügelten karierten Kurzhemdes. Die Jeans ist ein wenig abgewetzt. Der Kaffeefleck auf dem linken Oberschenkel scheint ihn nicht zu stören und dazu trägt er rote Turnschuhe. Seine große Brille lässt ihn schlau aussehen und man muss schon genauer hinsehen, um seine Sommersprossen zu erkennen. Dieser Mann ist nicht nur ein Internet-Nerd - er sieht auch wie einer aus. Timur betrachtet die auffälligen Haare des Nerds, die die gleiche Farbe haben wie seine: fuchsrot. Dabei überlegte er, ob dieser Mann als Kind wohl viel geärgert wurde. Nerds werden ja oft geärgert. Das kennt er aus der Serie „The Big Bang Theory". Doch auch, wenn dieser Kerl wie ein Nerd aussieht, wirkt er auch sehr zufrieden.

Timur hasst seine eigenen roten Haare und trägt sie deshalb sehr kurz. Seinen Eltern und Freunden erklärt er, dass dies einfach praktischer zum Haare waschen sei. Er muss an seine Zeit im vierten Schuljahr denken, kurz vor dem Schulwechsel. Zwei Klassenkameraden, mit denen er sich sonst immer gut verstanden hatte, mochten ihn plötzlich nicht mehr. Angeblich hätte er die Mutter des einen beleidigt. Und schon kamen so Sprüche wie „Rotfuchs", „Feuerqualle", „Pumuckl" und „Weasley". Gerade „Weasley" hatte ihn am meisten getroffen. Er liebt die Harry-Potter-Romane und mag Harry Potter und Hermine Granger. Doch Ron Weasley konnte er nie leiden. Die beiden Klassenkameraden benutzten dann „Weasley" immer mehr als Anrede von Timur. Bald sagten auch die ersten anderen aus der Klasse „Weasley" zu ihm. Timurs Mutter tröstete ihn und versuche ihm zu helfen: „Ignoriere sie, dann hören sie schon auf." Doch sie hörten nicht auf. Dann kamen zum Glück die Sommerferien, welche er in der Türkei bei seinen Großeltern verbrachte, und der Schulwechsel. Nach den Ferien kam er auf die weiterführende Schule und nur drei Schüler seiner alten Klasse waren jetzt auch in der neuen Klasse. Anscheinend erinnert sich aber niemand an seinen verhassten Spitznamen aus der 4. Klasse und nun wird er nur noch „Timur" genannt.

Als Timur aus seinen Gedanken auftaucht, hört er Paul antworten: „Es ist wichtig Text und Bilder zu überprüfen. Mit Hilfe der Rückwärts-Bildsuche ist dies zum Beispiel über Google möglich. Und es gibt Internetseiten, wo man überprüfen kann, was stimmt und was gefälscht ist. Auch ob Bild und Text zusammenpassen." „Genau", bestätigt ihn der Internettrainer, „Und dies sind die Pages, auf denen ihr mehr darüber erfahren könnt." Er drückt geschickt einige Tasten seines PCs und schon erscheinen über den Beamer einige Informationen an der Wand:

Internetseiten bei Fakenews

mimikama.at – Überprüfen und Melden von Fakenews

klicksafe.de – Infos und kostenlose Broschüren

handysektor.de – viele Informationen

internet-abc.de – für Jugendliche, Eltern und Lehrer

amadeu-antonio-stiftung.de – Infos und vieles mehr

„Es ist heute wichtiger denn je, dass wir mit dem Internet vorsichtig umgehen sollten", ergänzt der Internettrainer, „Nicht alles zu posten und nicht alles zu glauben, ist wichtig. Oder meint ihr, jemand stellt euch ein, wenn er Bilder von euch mit Drogen und halbnackt tanzend im Bikini entdeckt?" „Iiih, Justin im Bikini", gibt Frank von sich und der Großteil der Klasse schmunzelt. Frank schaut triumphierend zu Paul, doch dieser nickt ihm nicht wie sonst anerkennend zu, sondern blickt starr nach vorne. Der Trainer eilt auf Frank zu und hebt belehrend den Zeigefinger: „Dies ist schon in der realen Welt nicht schön, ABER in der digitalen Welt ist es noch schlimmer. Das Internet vergisst nicht und hier wird so etwas *toxische Sprache* oder auch *dangerous speech* genannt. Es ist also giftig und gefährlich. Deshalb gibt es auch die Gebote der digitalen Ethik. Dies ist wichtig für das Zusammenleben und egal welchen Beruf du später mal wählst. Was möchtest du denn mal werden?", wendet er sich interessiert an Frank. Ohne viel zu überlegen antwortet er mit: „Polizist, wie mein Cousin." „Gerade da solltest du die Regeln beschützen und nicht brechen", gibt der Rothaarige wieder mit dem Zeigefinger von sich, „die Gebote sind nur unwichtig, wenn ihr Gangsterrapper werden wollt."

Dabei öffnet er seinen Mund und macht ein komisches quietschendes Geräusch - es ist wohl sein Lachen. Die Schüler lachen mit, weil sie den Spruch witzig finden und weil dieses komische Lachen so extrem ansteckend ist. Irgendwie mag die Klasse diesen komischen Kauz, auch wenn er manchmal wie ein Priester klingt.

Dann wendet sich der Mann an Justin: „Und was möchtest du mal werden?" Timur antwortet aus der anderen Ecke, wie aus der Pistole geschossen: „Gege...." und fängt dann an zu husten. Timur wollte schon immer mal den Witz anbringen: *„Justin wird mal als Gegengewicht von einem Fahrstuhl arbeiten."* Doch im letzten Moment überlegt er es sich anders. Seiner Meinung nach hatte Justin heute schon genug abgekriegt. Also täuscht er einen Hustenanfall vor, als hätte er sich verschluckt. Währenddessen antwortet Justin: „Bauingenieur." „Interessanter Berufswunsch - Auch hier sind die Gebote der digitalen Ethik wichtig. Als Bauingenieur brauchst du Kunden, die dir ihr Geld anvertrauen, also dir vertrauen. Und das tun sie nicht, wenn sie Fotos von dir kennen, wo du bekifft im Büro rumtanzt. Oder ist da jemand anderer Meinung?", stellt der Trainer die rhetorische Frage in die Runde. Er drehte sich gerade wieder zu Justin, als sich Katharina meldet. Der Rothaarige schaut das Mädchen überrascht an: „Wie, du w-w-würdest ihm dein Geld anvertrauen, obwohl du bekiffte Fotos von ihm kennst?!"

„NEIN, natürlich nicht", antwortet Katharina spontan, „das heißt, ich würde natürlich erst überprüfen, ob diese Bilder auch echt sind." Dabei grinst sie und fährt weiter fort: „Aber deshalb habe ich mich nicht gemeldet. Sie reden die ganze Zeit über die Gebote der digitalen Ethik. Doch ich wüsste auch gerne, wie die lauten." Das Gesicht des Internettrainers nimmt die gleiche Farbe wie seine Haare an. Er hastet zum PC und drückt, nicht mehr ganz so geschickt, einige Tasten. Dabei murmelt er: „Ich dachte, ich hätte sie schon längst gezeigt." Nach wenigen Augenblicken erscheint über den Beamer auf der Wand:

Die 10 Gebote der digitalen Ethik

nach Prof. Petra Grimm

www.digitale-ethik.de

1. Erzähle und zeige möglichst wenig von Dir.

2. Akzeptiere nicht, dass Du beobachtet wirst und Deine Daten gesammelt werden.

3. Glaube nicht alles, was Du online siehst und informiere Dich aus verschiedenen Quellen.

4. Lasse nicht zu, dass jemand verletzt und gemobbt wird.

5. Respektiere die Würde anderer Menschen und bedenke, dass auch im Web Regeln gelten.

6. Vertraue nicht jedem, mit dem Du online Kontakt hast.

7. Schütze Dich und andere vor drastischen Inhalten.

8. Miss Deinen Wert nicht an Likes und Posts.

9. Bewerte Dich und Deinen Körper nicht anhand von Zahlen und Statistiken.

10. Schalte hin und wieder ab und gönne dir auch mal eine Auszeit.

PAUSE

Nach der Pause haben die meisten Schüler wieder GL bei Frau Boschdel. Nur Paul, Timur, Samuel, Katharina und Justin gehen gemeinsam zwei Klassenräume weiter. Dort steht schon ein

Stuhlkreis mit sechs Stühlen bereit. Auf einem sitzt Herr Schockenhoff und grinst die Schüler an, als sie hereinkommen: „Setzt euch, wir haben viel vor in der nächsten Doppelstunde. Schön, dass ihr alle dabei bleibt und schön, dass du, Justin, heute dazukommst." Als die Schüler sitzen, schaut Herr Schockenhoff alle nacheinander intensiv an. Zum Schluss verweilt sein Blick auf Justin: „Du möchtest heute einige Sachen aus deiner Zeit auf dieser Schule vorlesen. Das finde ich sehr bewundernswert und tapfer von dir." An die Schüler gewandt, betont er: „Justin und ich sind gemeinsam vorher sein Tagebuch durchgegangen und haben es für euch vier zusammengefasst. Deshalb haben wir auch die Namen rausgestrichen. Oft wisst ihr trotzdem, wer gemeint ist. Wichtig ist, dass alles hier im Raum bleibt und nicht getratscht wird. Und es ist JUSTINS persönliche Sicht auf die Ereignisse. Dies ist also NICHT die wirkliche, reale, objektive Wahrheit. Deshalb möchte ich keine Zwischenbemerkungen wie ´Das war doch ganz anders` oder `So stimmt das nicht´ hören - aber auch sonst nichts. Verstanden?!" Als der Lehrer sich umblickt, nicken alle, sogar Justin.

Justin holt eine schwarze Kladde aus seiner Schultasche und versucht sich locker auf den Stuhl zu setzen. Erst schlägt er das linke Bein über das rechte, dann das Rechte über das Linke, danach setzt er sich breitbeinig hin, dann fallen seine Knie zusammen und schließlich legt er die schwarze Kladde auf seinen Schoß. Dabei schaut er kurz verlegen hoch und schlägt die Kladde auf. Herr Schockenhoff lächelt ihn ermunternd zu und rückt mit seinem Stuhl ein wenig zu ihm. Nach einem Räuspern beginnt Justin zu lesen - zuerst stockend, doch nach kurzer Zeit flüssig und fehlerfrei:

1. Schultag nach den Sommerferien

Wir sind umgezogen und ich muss in eine neue Schule. Alle meine Freunde musste ich verlassen. Meine Mutter sagt: „Sei nur wie du bist, dann findest du schon neue Freunde." Doch die haben mich heute alle so komisch angeschaut.

5. Schultag nach den Sommerferien

Ich trete einem Mitschüler auf die Füße. Der schreit: „Pass doch auf, du Wal!" Das hat mich sehr geschockt. Einige andere lachen.

10. Schultag nach den Sommerferien

Ich werde als letzter beim Völkerball im Sport gewählt, obwohl ich meine, dass ich gar nicht der Schlechteste bin. Dann werde ich noch besonders oft hart abgeworfen und einer meinte noch, dass ich so den Harpunen niemals ausweichen könnte. Alle Jungs lachen.

16. Schultag nach den Sommerferien

Jemand hat mein Federmäppchen versteckt. Als ich wütend

danach frage, sagt ein Mitschüler provozierend: „Oh, hat der Kleine sein Fetten-Mäppchen verloren?!" Ich bin sauer und schreie ihn an. Nachmittags tut es mir leid.

17. Schultag nach den Sommerferien

Ich gehe zu dem Jungen, den ich angeschrien habe und lade ihn zur Entschuldigung zu mir nach Hause ein. Es war die Idee meiner Mutter. Der Junge ist beeindruckt, weil ich die PS4, die WII und die XBox One habe.

18. Schultag nach den Sommerferien

Einige Schüler machen sich über mich lustig, was für ein reiches und verwöhntes Kind ich sei. Es wäre kein Wunder, dass ich so fett bin.

26. Schultag nach den Sommerferien

Es liegt ein Wal-Radiergummi auf meinem Schultisch. Als ich mich wütend umschaue, grinsen mich einige Mitschüler an.

31. Schultag nach den Sommerferien

Ein Mitschüler schlägt mir auf den Arm und schreit, dass er jetzt Justin-Ätze an der Hand hätte. Dann spielen einige Jungs Fangen und die Fänger haben immer die Justin-Ätze.

Endlich Herbstferien

2. Schultag nach den Herbstferien

In der WhatsApp-Gruppe A-Team (Jungs Klasse A) werden Lieder für mich gepostet. Sie haben immer etwas mit Dicken zu tun.

3. Schultag nach den Herbstferien

Die Mitschüler summen immer wieder diese Lieder und pusten ihre Wangen auf, wenn ich an ihnen vorbeigehe.

4. Schultag nach den Herbstferien

Sie summen weiter und pusten auch weiter ihre Wangen auf. Fast die ganze Klasse macht mit.

9. Schultag nach den Herbstferien

Frau Boschdel stellt mir eine Frage und dreht sich dabei um. Ein Mitschüler pustet seine Wangen auf und ich sage zum ihm: „Fick dich!" Frau Boschdel denkt, sie wäre gemeint. Ich bekomme eine Strafarbeit aufgebrummt und zusätzlich eine Verwarnung. Außerdem wird meine Mutter benachrichtigt. Der erzähle ich aber lieber nichts. Die sollen mich alle in Ruhe lassen

14. Schultag nach den Herbstferien

Es wird immer noch gesummt. Als es mir einmal zu viel wird, schlage ich einen Mitschüler. Frau Meier sieht das und ich muss mich bei dem Mitschüler entschuldigen. Meine Mutter wird benachrichtigt und ich muss nach Hause.

19. Schultag nach den Herbstferien

Es gibt ein Gespräch mit der Rektorin, meiner Mutter, Herrn Schockenhoff und mir. Es geht darum, dass ich mich ändern soll und andere nicht schlagen oder beleidigen darf. Meine Mutter betont noch, dass sie mich so nicht kennt. Herr Schockenhoff merkt an, dass die Eingewöhnungszeit auf einer neuen Schule sehr schwierig sein kann.

23. Schultag nach den Herbstferien

Es gibt eine Ansprache an die Klasse, mich in Ruhe zu lassen.

32. Schultag nach den Herbstferien

Die meisten Mitschüler lassen mich mehr oder weniger in Ruhe. Es verschwindet immer mal ein Stift oder ich bekomme Walzeichnungen zugesteckt. Im Großen und Ganzen geht es.

39. Schultag nach den Herbstferien

Es wird wieder schlimmer. Die machen jetzt viele Witze, was ich wohl zu Weihnachten bekommen werde: ein Zelt zum anziehen, ein eigenes Meer, Plankton und vieles mehr.

41. Schultag nach den Herbstferien

Sie fragen mich, ob „Free Willy" und „Moby Dick" denn auch zum Familienessen kommen. Viele pusten wieder die Wangen auf und fangen an, Walisch zu reden wie bei „Findet Nemo".

Endlich Weihnachtsferien

1. Schultag nach den Weihnachtsferien

Ein Mitschüler hat bei Facebook die Rettet-Justin-den-Wal-Gruppe gegründet. Ich dachte eigentlich, nach den Ferien wäre alles vergessen und jetzt geht der Mist schon wieder los - direkt am ersten Tag. Fast die ganze Klasse findet das lustig.

3. Schultag nach den Weihnachtsferien

Einem Mitschüler habe ich vor den Ferien mehrere Comics geliehen. Als ich diese zurück haben möchte, sagt er, dass ich die wohl einem anderen Jungen geliehen hätte, der genauso aussehen würde wie er. Die Verwechselung käme häufig vor. Er und einige anderen Jungs grinsen, als ich traurig weggehe.

5. Schultag nach den Weihnachtsferien

Einige fangen wieder an Dicken-Lieder zu summen, Walisch zu reden und die Wangen aufzupusten, wenn ich vorbeigehe.

7. Schultag nach den Weihnachtsferien

Ich habe in zwei Wochen Geburtstag. Meine Mutter meint, ich solle die Jungs einfach zu einer Party einladen. Ich verteile Geburtstagseinladungen. Ein Mitschüler fragt, wieviel Plankton ich mir denn wünsche. Die ganze Klasse lacht.

13. Schultag nach den Weihnachtsferien

Samuel und Michel sagen mir, dass sie nicht zur Party kommen werden. Mittlerweile bekomme ich immer mehr blöde Bemerkungen auf WhatsApp. Egal, ob ich mich beschwere, mitmache oder es ignoriere - es geht weiter.

17. Schultag nach den Weihnachtsferien

Ich habe heute erfahren, dass einige Jungs einen Account bei Instagram reingesetzt haben, der "Justin der Wal" heißt. Darin sind Bilder von richtig fetten Menschen immer mit der Bemerkung „meine Familie". Viele Mitschüler folgen diesem Account. Die ganze Stufe lacht darüber.

21. Schultag nach den Weihnachtsferien

Heute ist mein Geburtstag. In der Schule hat mir niemand gratuliert und ich hoffe, dass es dann eine Überraschung bei meiner Party geben würde. Die gibt es auch: Niemand erscheint zu meiner Party. Ich will nicht mehr zur Schule.

22. Schultag nach den Weihnachtsferien

Ein Mitschüler zeigt mir grinsend den Instagram-Account „Justin der Wal". Hier steht als Post: „Mein Geständnis - Ich heiße Justin, bin schwul und möchte meinen Schwanz in jeden Jungen stecken." Die ganze Schule lacht darüber. Ich verziehe mich eine

Stunde auf das Klo und muss weinen.

30. Schultag nach den Weihnachtsferien

Ich halte es nicht mehr aus und bin fünf Tage nicht in der Schule. Meiner Mutter habe ich gesagt, dass ich tierische Bauchschmerzen habe. Als sie mich erwischt, wie ich Schokolade esse, sagt sie, dass ich morgen wieder zur Schule müsse.

31. Schultag nach den Weihnachtsferien

Jetzt habe ich wirklich Bauchschmerzen und gehe zur Schule. Ich verziehe mich zuerst aufs Klo. Da steht: „Bist du schwul und willst ficken? Ruf mich an." Darunter stehen mein Name und meine Handynummer. Als ich völlig fertig im Pausenraum sitze, spricht mich Herr Schockenhoff an, ob wir nicht etwas unternehmen sollen, damit ich mich wohler fühle.

Justin senkt seine Stimme, das Buch und dann seinen Kopf. Es entsteht eine Stille, die fast unerträglich ist.

Nach einer gefühlten Ewigkeit wird diese Stille unterbrochen. „Okay, vielen Dank, Justin", sagt Herr Schockenhoff und stellt sich hinter den vorlesenden Schüler, „wie gesagt, es geht nicht darum, einen Schuldigen zu finden." Samuel meldet sich und Herr Schockenhoff fordert ihn auf, zu reden. „Das war echt mutig von Justin, dass hier vorzutragen", bemerkt der Schüler zum Lehrer. „Sag ihm das doch selbst. Er sitzt hier", grinst Herr Schockenhoff. „Okay", erwidert Samuel und schaut Justin an, „das war echt sehr mutig von dir, dies hier vorzulesen. Ich weiß nicht, ob ich mich das trauen würde." Justin lächelt verlegen. Katharina und Timur nicken ebenfalls anerkennend. Paul zögert noch ein wenig und verzieht leicht den Mund. Katharina ist über sich selbst erstaunt, als sie direkt in die Gruppe ruft: „Das ist doch alles Kacke so. Kommt, lasst uns endlich Gruppenregeln für unsere Klasse machen."

Dann wird viel hin und her diskutiert. Es soll nicht jede Kleinigkeit aufgeschrieben werden, aber auch nicht zu allgemein sein. Die Regeln sollen für die Schüler, aber auch die Lehrer gelten. Sie sollen eigentlich für alle „Mitmenschen" gelten. Die Regeln sollen eher zeigen, was man tun soll und nicht, was verboten ist. Einige Zeit wird darüber diskutiert, ob man wirklich machen muss, was der Lehrer sagt. „Natürlich nicht", sagt Timur und Herr Schockenhoff stimmt ihm grinsend zu. „Befehlen einfach blind zu folgen, geht nie gut aus", ergänzt Samuel und deutet mit zwei Fingern unter seiner Nase einen Hitlerbart an. Besonders Timur und Katharina beteiligen sich an dieser Zusammenstellung. Aber auch die anderen sind aktiver als im normalen Unterricht. Herr Schockenhoff hält sich zurück und schaut gespannt, aber auch recht zufrieden, den Schülern zu. Nach etwa einer halben Stunde stehen folgende Regeln an der Tafel:

Ich verhalte mich Mitmenschen gegenüber respektvoll.

Ich akzeptiere, dass jeder Mensch anders ist und auch mal Fehler machen kann, genau wie ich selbst.

Ich lasse andere ausreden und höre zu, wenn jemand spricht.

Ich rede ruhig und freundlich mit anderen.

Ich erscheine pünktlich und halte mich an Absprachen.

Ich gehe leise durch die Schule und gehe mit meinen und anderen Materialien sorgfältig um.

Ich erledige meine Aufgaben (zum Beispiel Hausaufgaben, Klassendienst, Arbeiten korrigieren).

Abfall werfe ich in die dafür vorgesehenen Behälter.

Handy, Tablet und andere technische Geräte nutze ich nur, wenn sie erlaubt sind.

Dinge von anderen nehme ich erst nach deren Erlaubnis.

Ich gebe direkt Rückmeldung, wenn mir das Verhalten eines Mitmenschen nicht gefällt.

Bei Streitigkeiten hole ich mir frühzeitig Unterstützung.

Ich esse, trinke und gehe zur Toilette während der Pause.

Ich lasse den Arbeitsplatz aufgeräumt und sauber zurück.

Herr Schockenhoff fotografiert diese mit seinem Smartphone ab: „Die Regeln werde ich dann als Grundgerüst in einer der nächsten Schulstunden vorstellen und schauen, ob noch Ideen aus der Klasse dazukommen. Nach meiner Erfahrung ist das hier eine gute Grundlage. Aber vielleicht müssen wir noch etwas wegstreichen oder hinzufügen." Nach einer Rückmelderunde wird dann auch diese Einheit beendet. Beim Rausgehen ergänzt der Lehrer noch: „Ihr habt super Arbeit geleistet. Ich bin richtig stolz auf euch und freue mich über eure Motivation. So macht es mir auch viel mehr Spaß und es ist sinnvoller, als mit Strafen zu arbeiten."

8. Mobbing Konsequenzen

„Wir sind nicht nur verantwortlich für das, was wir tun, sondern auch für das, was wir nicht tun." Moliére

Es ist <u>nicht</u> **eine** Handlung, die es für den Mobbing-Betroffenen unerträglich macht. Es ist die Summe von Gemeinheiten. Mobbing-Betroffene stehen oft unter Dauerstress und das macht krank. Übelkeit, Schwindel, Durchfall, Appetitlosigkeit, Schlafstörungen, Alpträume, Kopf- und Bauchschmerzen sind die Folgen. In Extremfällen kommt es zu Selbstmord oder zu Amokläufen.

Deshalb gibt es auch **Gesetze** dagegen. Den Begriff „Mobbing" gibt es nicht als Straftat. Er setzt sich meist aus vielen verschiedenen Straftaten zusammen. Stellen wir uns mal vor, du wärst in Justins Klasse und würdest dich an einigen Aktionen beteiligen. Dahinter schreibe ich dann jeweils in Klammern die Straftat mit der Strafe, die dir ab 18 Jahren in Deutschland jeweils blühen könnte:

Du schreibst mit Edding an die Klotüren: „Tötet Justin". (§ 111 StGB - **Öffentliche Aufforderung zu Straftaten** – Freiheitsstrafe bis zu fünf Jahren)

Du schickst Justin per WhatsApp einen blutigen Film, in welchem ein übergewichtiger Mann geschlachtet wird. (§ 131 StGB – **Gewaltdarstellung** - Freiheitsstrafe bis zu einem Jahr)

Du gehst an Justin vorbei und sagst: „Du stinkst!" Selbst wenn es stimmt, kannst du dafür bestraft werden. (§ 185 StGB – **Beleidigung** (Trotz Wahrheitsbeweis § 192) - Freiheitsstrafe bis zu einem Jahr)

Du postest bei Facebook, dass Justins Vater abgehauen ist, weil er das Essen für seinen Sohn nicht mehr bezahlen konnte. (§ 186 StGB – **Üble Nachrede** - Freiheitsstrafe bis zu zwei Jahre)

Du erzählst in der Klasse, dass Justin in einem Schweinestall wohnt, obwohl du natürlich genau weißt, dass es nicht stimmt. (§ 187 StGB – **Verleumdung** - Freiheitsstrafe bis zu zwei Jahre)

Du nimmst mit dem Handy auf, wie dich Justin privat unter Tränen bittet, mit dem Ärgern aufzuhören. Diese Aufnahme stellst du in die Klassen-WhatsApp-Gruppe. (§ 201 StGB – Verletzung der **Vertraulichkeit des Wortes** - Freiheitsstrafe bis zu drei Jahre)

Justin liegt auf dem Boden, weil er verprügelt wurde. Das filmst du und veröffentlichst das Video auf TikTok (früher Musical.ly). (§ 201a StGB – **Verletzung des höchstpersönlichen Lebensbereichs durch Bildaufnahmen** - Freiheitsstrafe bis zu zwei Jahre)

Du kneifst oder schlägst Justin. Sogar anspucken kann als Körperverletzung gewertet werden. (§ 223 StGB – **Körperverletzung** - Freiheitsstrafe bis zu fünf Jahre)

Du wirfst ein Etui nach Justin, schlägst ihn mit einem Stock auf dem

Schulhof oder hältst ihn fest, während ein anderer ihm in den Magen boxt. (§ 224 StGB – **gefährliche Körperverletzung** - Freiheitsstrafe bis zu zehn Jahre)

Du piekst Justin ins Auge und beschädigst seine Netzhaut. Leider kann er dann auf dem Auge nicht mehr sehen. (§ 226 StGB – **schwere Körperverletzung** – Freiheitsstrafe bis zu zehn Jahre)

Deine Freunde und du stehen immer wieder vor Justins Tür, so dass er sich nicht raus traut. (§ 238 StGB – **Nachstellung / Stalking** - Freiheitsstrafe bis zu drei Jahre)

Du hältst den Fuß vor die Klassentür, so dass Justin zwischen Tür und Wand nicht mehr raus kommt. (§ 239 StGB – **Freiheitsberaubung** - Freiheitsstrafe bis zu fünf Jahre)

Justin muss ein Taschentuch essen, sonst bekommt er Ärger. (§ 240 StGB – **Nötigung** - Freiheitsstrafe bis zu drei Jahre)

Du schickst Justin eine WhatsApp mit dem Foto eines Stricks. (§ 241 StGB – **Bedrohung** - Freiheitsstrafe bis zu einem Jahr)

Du trittst auf Justins Jacke herum, zerbrichst seine Stifte oder gibst ihm einen USB-Stick mit Computer-Viren. (§ 303 StGB – **Sachbeschädigung** - Freiheitsstrafe bis zu zwei Jahre)

Du fotografierst Justin beim Schwimmunterricht und setzt das bei Instagram rein. (§§ 22, 33 KunstUrhG – **Verbreitung von**

Bildnissen ohne Einwilligung des Abgebildeten – Freiheitsstrafe bis zu einem Jahr)

Als **Jugendlicher** (bis 18 Jahre) sind die Strafen meist niedriger. Aber auch hier bist du schnell bei vier Wochen Jugendarrest oder vielleicht sogar bei einigen Monaten oder Jahren <u>Jugendgefängnis</u>.

In der **Schule** kann es zu Strafarbeiten, schriftlichen Verweisen, Versetzungen in andere Klasse, zeitweise oder völligen Ausschluss vom Unterricht kommen. Du kannst auch aufgrund von Mobbing <u>von der Schule fliegen</u>.

Im **Beruf** gibt es die Möglichkeiten der Ermahnung, der Abmahnung, der Versetzung und auch der <u>Kündigung</u>.

Der Mobbing-Betroffene kann unter bestimmten Bedingungen **Schadensersatz** und **Schmerzensgeld** (§§ 253 / 823 / 1004 BGB) einfordern. Laut Schmerzensgeldtabelle.net werden bei schwerwiegenden seelischen Traumata in der Regel 20.000 bis 50.000 € gezahlt. Bei ärztlichen Behandlungen (Hausarzt, Krankenhaus, aber auch Psychologen und Psychiater) kann es dazu kommen, dass die Mobber die Kosten der Krankenkasse erstatten müssen. Diese Kosten gehen dann schnell in den fünfstelligen (also ab 10.000,- €) oder auch in den sechsstelligen Bereich.

Für **Straftaten** kannst du **ab 14 Jahren** bestraft werden, auf **Schadensersatz** kannst du bereits <u>**ab 8 Jahren**</u> verklagt werden.

9. Vierter Trainingstag

„Suchen Sie nicht nach Fehlern, suchen Sie nach Lösungen." Henry Ford

Vor der nächsten Einheit gibt es für die Schulklasse eine freudige Überraschung. Frau Boschdel ist krank. Deshalb fällt ihr Unterricht aus und die Klasse hat zwei Stunden Vertretungsunterricht bei Herrn Schockenhoff. Dieser schlurft mit zwei großen blauen IKEA-Tüten in die Klasse. Die Schüler schauen neugierig auf die Tüten. In der einen befindet sich eine größere Kiste und aus der anderen schauen braune Plastikstäbe mit dünnen Seilen heraus. „Guten Morgen", beginnt der Lehrer die Stunde, „so, jetzt mal schnell die Jacken an und raus auf den Schulhof." Einige Schüler jubeln, doch Herr Schockenhoff ergänzt: „Michel, du kannst den Tennisball ruhig in deiner Schultasche lassen. Wir werden draußen nicht spielen." Der Jubel ebbt ab und der Lehrer redet weiter: „Wir treffen uns an der Tischtennisplatte. Bitte geht leise, die anderen Klassen haben Unterricht. Sonst kriegen wir alle Ärger."

Mit einem Grinsen und den zwei IKEA-Tüten trottet Herr Schockenhoff den 24 Schülern der Klasse A hinterher. Am Ziel angekommen stellt der Lehrer die Tüten auf die Tischtennisplatte und bittet die Schüler einen Kreis darum zu bilden. Da die meisten sehr neugierig sind, folgen sie den Anweisungen und die Klasse ist ungewöhnlich still. Herr Schockenhoff schüttet auf der einen Seite der Platte die Kiste aus. Es purzeln bestimmt über 100 Schlümpfe heraus. Aus der anderen Tüte holt er ein Schiff. Es scheint ein älteres Modell eines Playmobil-Piratenschiffs zu sein. Einige Schüler müssen schmunzeln und Antoni fragt: „Herr Schockenhoff, haben sie ihre Kinder beklaut?" „Nicht direkt, die Sachen gehören tatsächlich mir. Meine Kinder habe ich nur Zuhause, damit ich eine Ausrede habe, warum ich Spielzeug sammle", antwortet der Erwachsene mit einem kindischen Grinsen. „So, ihr bekommt jetzt verschiedene Aufgaben. Seht euch mal alle Schlümpfe an. Zuerst nur gucken, nicht anpacken. Wenn ihr ein Schlumpf sein würdet, welcher Schlumpf wäre das?"

„Ich wäre Schlumpfine", lacht Michel und dreht sich einmal tanzend im Kreis. „Wo ist denn der Fett-Schlumpf für Justin", schiebt Frank hinterher. „Komm lass den Mist", erwidert Katharina. „Was willst du denn, du Beschützer-Schlumpf?", fragt Frank provozierend und geht einen Schritt auf das Mädchen zu. Samuel schiebt sich zwischen die beiden und zeigt auf die Tischtennisplatte: „Sollten wir nicht jeder selbst gucken, für welchen Schlumpf wir uns halten?!" Frank geht wieder einen Schritt zurück und schaut dann, wie auch die anderen Mitschüler, auf die Figuren.

Ahmet stupst Michel an: „Schau mal, das sind alles Schalke-Fans."

Michel schaut gespielt erschreckt auf Herrn Schockenhoff: „Haben sie keine blau-roten für mich?" „Nein", antwortet der Lehrer, „und auch keine schwarz-gelben für mich." Diesmal schaut Michel entgeistert und kopfschüttelnd den Mann an: „Sie sind Borusse?! Bis eben fand ich sie für einen Lehrer noch recht sympathisch." Herr Schockenhoff grinst und dreht den Jungen an der Schulter zur Platte: „So, jetzt sucht euch den jeweiligen Schlumpf aus. Und denkt dran: Nur gucken. Wenn ihr einen ausgewählt habt, geht ihr von der Tischtennisplatte weg und erzählt niemanden, welchen Schlumpf ihr gewählt habt." Nach und nach entfernen sich die Schüler von der Platte.

Katharina ist eine der letzten, die sich noch für keinen Schlumpf entschieden haben. Sie ist noch unsicher. Natürlich ist sie ein bisschen Schlumpfine, die wahrscheinlich die meisten Mädchen wählen. Aber sie ist auch Schlaubi (der Klugschwätzer), Papa Schlumpf (der Anführer), manchmal Hefti (der Starke) oder McTapfer (der Mutige) und leider auch Clumsy (der Trottel). Katharina weiß, dass sie sich nicht so elegant bewegen kann, wie einige der anderen Mädchen in der Klasse. Oft stolpert sie über die eigenen Füße und eckt an Tischen an. Die Arme und Beine haben meist kleine blaue Flecken davon. Ihre Mutter sagt manchmal aus Scherz, dass sie beide deshalb noch mit dem Jugendamt Ärger bekommen werden. Katharina lebt allein mit ihrer Mutter. Ihr Vater ist schon vor vielen Jahren abgehauen, aber sie weiß nicht warum und ihre Mutter redet nicht darüber. Doch sie kommen alleine gut zurecht. Die Mutter arbeitet als Tagesmutter und hat jeden Tag, seit sich Katharina erinnern kann, bis 16.30 Uhr fünf kleine Kinder durchs Haus rumspringen. Obwohl ihre Mutter in den letzten Jahren keinen Tag krank war, ist Geld immer ein Thema. Deshalb durfte Katharina auch nie in irgendwelche Jazzdance- oder Ballett-Kurse. Die Klassenbeste weiß, dass sie sich viel besser bewegen könnte, wenn sie regelmäßig in so einem Kurs trainieren würde. Die anderen Mädchen bewegten sich immer so toll. Das sieht sie im Sportunterricht und besonders in den TikTok-Videos von ihnen. Selbst hatte sie mal zwei TikTok-Videos veröffentlicht und insgesamt 17 Likes bekommen. Die Mädchen ihrer Klasse zeigen ständig ihre Videos mit mehr als 100 Likes. Daraufhin löschte sie TikTok und sagte, dass es ein unnötiger Zeitfresser wäre. Weiterhin beneidet sie aber die anderen Mädchen um ihre eleganteren Bewegungen und diese vielen Likes. Doch zum größten Teil ist sie zufrieden: Sie weiß, dass sie klug ist, hat ein tolles Zuhause, eine wunderbare Mutter, eine tolle Schule und vieles mehr. Als sie wieder ihre Gedanken sortiert, wählt sie als letzte Schülerin für sich den Schlaubi-Schlumpf. Schließlich ist sie Klassenbeste und irgendwie tut ihr dieser Schlumpf, den wahrscheinlich niemand anderes gewählt haben wird, leid.

Als alle ausgewählt haben, folgen die weiteren Anweisungen von Herrn Schockenhoff. Die Schüler gehen jeweils einzeln zur Tischtennisplatte, halten den gewählten Schlumpf hoch und begründen, weshalb sie sich so entschieden haben.

- Paul wählt den *starken* Hefti mit Herz-Tattoo.
- Timur wählt den *kämpferischen* Wikinger.
- Samuel wählt den *mutigen* Schotten McTapfer.
- Katharina wählt den *klugen* Schlaubi-Schlumpf.
- Justin wählt den *müden* Fauli-Schlumpf.

Nachdem alle Schüler ihre Schlümpfe vorgestellt haben, erklärt der Lehrer die nächste Aufgabe: „Okay, jetzt möchte ich euch bitten, sich das Playmobilschiff genauer anzusehen. Auf jedem Schiff gibt es verschiedene Aufgaben: Kapitän, Offizier, Schiffsjunge, Steuermann, Koch, Wache, Techniker, Segelmacher, Feuerwehr, Fischer, Arzt, Sanitäter, aber auch Schneider, Frisör und Priester. Also: Wenn eure Klasse ein Schiff wäre, welche Aufgabe hättet ihr dann?" Diesmal geht das Auswählen der Schüler schneller. Nach wenigen Minuten stehen die Jungen und Mädchen wieder im Kreis um die Tischtennisplatte und schauen auf Herrn Schockenhoff: „Okay, gleich wird jeder einzeln seinen Schlumpf dort auf das Schiff hinsetzen, wo er meint, dass der Schlumpf hingehört. Dabei darf jeder begründen, aus welchen Gründen er meint, dass der Schlumpf dahin passt." Nach und nach setzen die Schüler ihren jeweiligen Schlumpf auf eine Position im Schiff.

- Paul setzt seinen Hefti an das Steuerrad.

- Timur setzt seinen Wikinger kurz hinter Hefti.

- Samuel setzt seinen McTapfer vorne an den Bug.

- Katharina setzt ihren Schlaubi auf den Mastausguck

- und Justin setzt seinen Fauli in das Beiboot.

Einige Schüler geben eine kurze Erklärung ab, doch die meisten setzen ihren Schlumpf auf die Position und entfernen sich wieder von der Platte. Herr Schockenhoff fragt bei einigen neugierig nach. Bei Justin setzt er auch nach: „Justin, du hast deinen Schlumpf in das Beiboot gesetzt. Du musst nicht antworten, wenn du nicht möchtest. Ich würde aber gerne wissen, ob du gerne aufs Schiff möchtest." Die Klasse war vorher schon bis auf kleinere Zwischengespräche sehr ruhig. Jetzt sind plötzlich alle mucksmäuschenstill. „J-J-Ja, aber kann nicht", antwortet Justin verlegen. „Was müsste denn geschehen, dass du aufs Schiff könntest?", fragt der Lehrer nach. Justin schaut sich seine Figur, das Beiboot und das Schiff an: „Die Leine zum Schiff müsste kürzer sein." Herr Schockenhoff zeigt auf den Schlumpf: „Und wie kann Fauli das schaffen?" Justin hebt den Kopf und schaut Herrn Schockenhoff ein wenig traurig an: „Das kann er nicht allein schaffen. Dazu braucht er die Hilfe von der Schiffsbesatzung."

Schlaubi
Katharina

Wikinger
Timur

Hefti
Paul

Schotten-Schlumpf
Samuel

müder Schlumpf
Justin

LANGE PAUSE

Am nächsten Tag hat die Klasse Frau Meier als Vertretungslehrerin. Timur, Paul, Samuel, Katharina und Justin sitzen wieder im Kreis mit Herrn Schockenhoff. „So, ich habe Justin gebeten, sein Tagebuch fortzuführen. Seit dem letzten Termin sind fast zwei Wochen vergangen und wir hören mal, wie es Justin seit dieser Zeit ergangen ist", beginnt der Lehrer die Einheit. Justin schlägt seine Kladde auf dem Schoß auf und beginnt zu lesen. Katharina findet, dass er viel gerader sitzt als bei seiner letzten Lesung.

1. Schultag nach der Einheit
Ein Mitschüler ruft in der Pause: „Ey Justin, wir wollen lachen. Nimm dir doch zwei Stühle und setze dich zu uns."

3. Schultag nach der Einheit
Ich werde nicht als letzter beim Sport gewählt.

4. Schultag nach der Einheit
Ein Bleistift fehlt. Ich weiß nicht, ob er geklaut wurde oder ob ich ihn verschlampt habe. Ein Junge meint in der Pause, dass ich statt Blut Nutella in den Adern hätte.

7. Schultag nach der Einheit
Ich sitze auf dem Klo und sehe, dass die Edding-Kommentare

entfernt worden sind.

7. Schultag nach der Einheit

Zwei Mitschüler pusten ihre Wangen auf, als ich an ihnen vorbeigehe. Ich schaue auf mein Smartphone und sehe, dass seit der letzten Einheit keine Sprüche mehr auf WhatsApp kamen.

8. Schultag nach der Einheit

Ein Mitschüler nennt mich Fettschlumpf, doch eine Mitschülerin verteidigt mich.

Nach einer kurzen Stille schaut Katharina mitleidig auf Justin und dann ein wenig wütend auf Herrn Schockenhoff: „Also haben unsere Regeln keine Wirkung gezeigt?!" „Regeln brauchen Zeit, bis sie sich durchsetzen", reagiert der Lehrer versöhnend, „und Regeln benötigen Menschen, die dahinter stehen." „Ich hatte überlegt, dass wir eigentlich nur die erste Regel bräuchten. - Ich verhalte mich Mitmenschen gegenüber respektvoll. - Dann muss man sich auch nicht so viel merken", steigt Samuel in das Gespräch ein. Nach einer kurzen Diskussion sind sich alle Beteiligten einig, dass die erste Regel mit Abstand die Wichtigste ist und alle anderen darauf aufbauen. Trotzdem sollen alle Regeln so bestehen bleiben.

Als nächstes werden Punkte gesammelt, die Justin unterstützen können. Justin selbst möchte nicht daran teilnehmen, weil er es ein wenig komisch findet. Also verlässt er den Raum und die anderen vier Schüler und der Lehrer beraten alleine weiter. Nach kurzer Zeit steht die Tafel bereits voll:

Justin morgens freundlich grüßen

sich neben Justin im Bus setzen

sich neben Justin am PC setzen

Justin beim Sport in die Mannschaft wählen

nicht mehr über Justin lachen

keine Witze über Justin machen

nicht am Justin-Ätze-Fangspiel beteiligen

keine blöden Bemerkungen bei WhatsApp machen

Justin nicht weh tun

Justin auch mal in Ruhe lassen

in der Pause mal Zeit mit Justin verbringen

Justin um Hilfe bitten bei Hausaufgaben

Justin bei Teamaufgaben wählen

mit Justin nachmittags an der Konsole spielen

mal etwas Freundliches zu Justin sagen

für Justin einsetzen, wenn er geärgert wird

Justin einen Entschuldigungsbrief schreiben

10. Mobbing als Betroffener

„Irgendwann muss man einmal »Halt!« sagen [...], um diesen ständigen Schikanen ein Ende zu bereiten und herauszufinden, auf welche Menschenrechte ich Anspruch habe." Rosa Parks

Tipps, damit DU nicht gemobbt wirst:

Sei nicht dick, nicht dünn und nichts dazwischen!

Sei nicht alt, nicht jung und nichts dazwischen!

Sei nicht dunkelhäutig, nicht hellhäutig und nichts dazwischen!

Sei nicht dumm, nicht intelligent und nichts dazwischen!

Sei nicht männlich, nicht weiblich und nichts dazwischen!

Sei nicht dunkelhaarig, nicht hellhaarig und nichts dazwischen!

Sei nicht schlecht in der Schule, nicht gut und nichts dazwischen!

Sei nicht gottgläubig, nicht Atheist und nichts dazwischen!

Sei nicht Inländer, nicht Ausländer und nichts dazwischen!

Sei nicht sportlich, nicht unsportlich und nichts dazwischen!

Sei nicht homosexuell, nicht heterosexuell und nichts dazwischen!

Sei nicht stark, nicht schwach und nichts dazwischen!

Sei nicht hässlich, nicht hübsch und nichts dazwischen!

Sei nicht reich, nicht arm und nichts dazwischen!

Sei nicht schnell, nicht langsam und nichts dazwischen!

Sei nicht du, nicht jemand anderes und nichts dazwischen!

An den Tipps kannst du sehen, dass du erst einmal nichts an dir selbst machen kannst, um Mobbing zu verhindern. Niemand ist perfekt, irgendwo ist jeder Außenseiter und **jeder** kann gemobbt werden.

Du bist nicht allein

Wenn du gemobbt wirst, bist du <u>nicht</u> allein. Es gibt so viele Mitleidende. Jeder siebte Schüler und jeder vierte Deutsche wird in seinem Leben wenigstens einmal gemobbt, also über einen längeren Zeitraum schikaniert. Schätzungen gehen aktuell von ca. 2,5 Millionen Deutschen aus, die von Mobbing betroffen sind, 500.000 davon sind Schüler. Jeder fünfte Erwachsene ist mit seinem Arbeitsklima nicht zufrieden. 36% der Jugendlichen waren schon mal Betroffene einer Cyber-Mobbing-Attacke. Jeder fünfte Schüler wird per Handy oder im Internet beleidigt. Jeder Sechste leidet unter Verleumdungen.

Beschäftige dich mit positiven Dingen

Wichtig ist, dass du dich, als Betroffener, **nicht** zu viel mit negativen Dingen beschäftigst. Beschäftige dich mit positiven Sachen und nicht nur mit Mobbing. Untersuchungen zeigen, dass du sonst weiter diese negativen Gefühle steigerst. Das zieht dich dann immer weiter runter.

Deshalb: Mach, was dir Spaß macht!!!

Zusatzinformationen: Nach Erstausstrahlung der sechsteiligen TV-Serie „Tod eines Schülers" von 1980 stieg die Selbstmordrate um 175%. Als 1774 Johann Wolfgang von Goethe das Buch „Die Leiden des jungen Werthers" herausbrachte, stieg die Anzahl der Suizide. In dem Buch geht es um eine unerwiderte Liebe und dass sich die Hauptperson am Schluss das Leben nimmt. In Deutschland warnen Fachleute (u.a. die Gesellschaft für Kinder- und Jugendpsychiatrie, Psychosomatik und Psychotherapie und die Deutsche Gesellschaft für Psychiatrie und Psychotherapie, Psychosomatik und Nervenheilkunde) vor der Serie „Tote Mädchen lügen nicht". In der Serie begeht ein Mädchen Suizid, weil sie gemobbt wird.

Rede darüber

Rede mit Freunden oder Familie über Mobbing. Sprich mit einer vertrauten Person - am besten einer Person, der du Mut und einen kühlen Kopf zutraust. Es gibt auch kostenlose Telefonhilfen:

0800 111 0333 oder vom Handy: 116 111
Sprechzeiten: Montag bis Samstag 14.00 - 20.00 Uhr

oder die Telefonseelsorge
Tel. **0800 111 0 111** - Angebot der evangelischen Kirche
Tel. **0800 111 0 222** - Angebot der katholischen Kirche

Auch im **Internet** gibt es viele kompetente Ansprechpartner:

https://forum.be-social.eu/

Ein Forum mit Online-Beratung. Die jungen Betreiber sind aktiv gegen Mobbing und Ausgrenzung.

youth-life-line.de/home.html

Online-Beratung von geschulten Jugendlichen für Kinder, Jugendliche und junge Erwachsene.

save-me-online.de

Hier kannst du dich online beraten lassen. Du schilderst dein Erlebnis und bekommst dann Antwort.

junoma.de

Hier können sich Kinder und Jugendliche beraten lassen - auf Deutsch und Türkisch! Es gibt Einzelberatung, Foren und Chats.

Hole dir frühzeitig Hilfe

Hole dir so früh wie möglich Unterstützung. Wenn ein Wasserhahn tropft, unternimmt man ja auch nicht erst etwas, wenn der Boden klitschnass ist. Beim Thema Mobbing melden sich viele leider erst, wenn der Keller (im übertragenen Sinne) schon absolut vollgeflutet ist. Am besten eignen sich natürlich Personen, denen du vertraust. Aber auch im Internet und am Telefon kannst du dich anonym beraten lassen (siehe oben).

Nicht online antworten

Egal wie sachlich du online antwortest, kann es trotzdem schnell zu einer Eskalation kommen und die anderen sind oft zu mehren und haben genug Zeit sich Gemeinheiten auszudenken. Du leidest am meisten darunter. Im 6. Kapitel konntest du lesen, warum Cyber-Mobbing so gefährlich ist. Aber auch hier ist eine Unterstützung sinnvoll.

Wehre dich

Wehren ist gut für das Selbstwertgefühl und du hast Chancen aus diesem Teufelskreis zu kommen. Leider muss ich dich enttäuschen, denn Mobbing hört damit selten direkt auf. Oft reicht dies nicht und es führt nur in einem von fünf Fällen zum Erfolg. Deshalb ist auch hier Unterstützung sehr sinnvoll.

Sammle Beweise

Als letzten Weg kannst du eine Anzeige innerhalb von drei Monaten bei der Staatsanwaltschaft oder Polizei stellen (3 bis 5 Jahre Verjährungsfrist bei den in Kapitel 8 aufgezählten Straftaten). Sichere dir deshalb die Beweise. Die Spuren vom Cyber-Mobbing zu sichern ist ja (zum Glück) sehr einfach (Fotos, Screenshots, Emails, WhatsApp-Verläufen usw.).

11. Fünfter Trainingstag

„An jedem Unfug, der passiert, sind nicht nur die schuld,
die ihn begehen, sondern auch die, die ihn nicht
verhindern." E. Kästner „Das fliegende Klassenzimmer"

Und mal wieder hat die Klasse GL bei Frau Boschdel. Für das Empfinden der Schüler ist der Gesundungsprozess der Lehrerin viel zu schnell geschehen. Wie ein Tiger auf der Jagd umkreist sie die Tische, während sie Fragen stellt und dann ohne Vorwarnung einen Namen aufruft: „Nenne zwei Parteien im Bundestag von Deutschland und wofür die Abkürzungen der Parteien stehen! …. Timur!" Der rothaarige Schüler grinst und antwortet: „Die Grünen und die Linke." „Mmmmh", brummt Frau Boschdel ein wenig verärgert und fragt lauter: „Nenne zwei weitere Parteien!" Dabei fixiert sie Justin und geht langsam auf ihn zu. Der Junge schluckt und räuspert sich. „Und?", hakt die Lehrerin nach. „S-S-S…", stottert Justin. Frau Boschdel verdreht ihre Augen und wendet sich von ihm ab: „Nein, S S S ist keine Partei im deutschem Bundestag, oder? PAUL!". Paul schaut seine GL-Lehrerin überrascht an. Timur tritt seinem Freund leicht mit dem Fuß vor das Schienbein. Paul überlegt kurz und als er nach links und rechts schaut, sieht er die neugierigen Blicke von Samuel und Katharina. „Du weißt es also auch nicht", stochert Frau Boschdel nach. Als sie sich gerade abwendet, antwortet

Paul: „Doch, aber ich glaube, Justin weiß es auch." Die Lehrerin dreht sich wieder ganz zu Paul, geht ganz nahe an den Tisch, hebt eine Augenbraue und sagt kaum hörbar: „Dann werden wir mal deine Vermutung überprüfen." Dann wendet sie sich ruckartig um und schreitet zielstrebig auf Justin zu: „Und?! Dein Schulkamerad hat uns gerade eröffnet, dass du die Antwort doch kennst und dich nur ein wenig anstellst." „SPD steht für Sozialdemokratische Partei Deutschlands und CDU für Christlich Demokratische Union Deutschlands", antwortet Justin flüssiger und schneller, als er selbst erwartet hätte. „Na schön, Glück gehabt", sagt sie, während sie erst Justin und dann Paul anfunkelt. Dann geht die Lehrerin an die Tafel und schreibt dort mit Kreide: „Der deutsche Bundestag" Dabei betont sie: „Wenn ich mal nicht da bin, geht hier alles drunter und drüber. Das hätte alles viel flüssiger beantwortet werden müssen. Deshalb schreibt ihr bis morgen einen Aufsatz über den Bundestag." Ein Stöhnen geht durch die Klasse. Timur stubst seinen Freund an: „Ich glaube, die ist angepisst. ... Mama, Mama, die mobben mich jeden Tag in der Schule. Sagt die Mutter: Dann gib ihnen einfach schlechtere Noten!" Paul grinst und schaut sich um. Katharina lächelt ihn an und denkt sich dabei: *„Das Thema ist nicht gelöst, aber es ist ein toller Anfang. Gleich haben wir ja noch die letzte Einheit bei Herrn Schockenhoff. Bin mal gespannt, was wir heute da machen."*

………………………………………………………………………*Ende!?*

12. Was tun bei Mobbing

„Es ist nicht deine Schuld, dass die Welt ist, wie sie ist.
Aber es ist deine Schuld, dass sie so bleibt!"
Rockband „Die Ärzte"

Je früher jemand in das Mobbing-System eingreift, desto besser sind die Chancen, dass das Ganze positiv beendet werden kann.

Mobber

Befragungen haben gezeigt, dass die Mobbing-Gruppe oft keine Vorstellung davon hat, wie sehr die Betroffenen leiden. Er ist eben nicht der tückische, soziopathische und sadistische Täter, der andere Menschen systematisch fertig machen möchte.

<u>Also:</u> Versetze dich in die Lage von anderen und behandle andere dann nur so, wie du auch behandelt werden möchtest.

Zuschauer

Auch wenn nur ein kleiner Teil aktiv mobbt, ist die gesamte Gruppe beteiligt. Allen muss klar werden, dass jeder in der Gruppe Mitverantwortung trägt. Untersuchungen haben gezeigt, dass der Großteil (oft über 80%) Mobbing ablehnt. Viele denken, sie sind in der Minderheit und es würde vielleicht von selbst aufhören. Oft benötigt man nur einen Mutigen, der anfängt.

<u>Also:</u> Beziehe Stellung und zeige, dass du nicht einverstanden bist.

77

Eltern / Erziehungsberechtigte

Es gibt bestimmte Hinweise, dass ein Kind gemobbt wird. (Schulnoten, Schulangst, Schulschwänzen, Isolierung, Interessenlosigkeit, Traurigkeit, Reizbarkeit, Aggression, Verschlossenheit u.v.m.). Doch dies kann auch andere Gründe haben.

<u>Also:</u> Suche das Gespräch zum Kind, habe Interesse an dessen Lebenswelt und hole dir eventuell Rat (Info-Tel. 0800 111 0550).

Pädagogen / Lehrer

Es gibt <u>keinen</u> Königsweg und dieses Buch ist <u>keine</u> Anleitung, sondern eine Anregung. Es gibt Autoren, die schreiben, dass man lieber nicht eingreifen solle, als etwas Falsches zu riskieren. Das sehe ich nicht so. Wichtig ist, ein gutes **Vor-Bild** zu sein und deshalb:

- Mobbing <u>niemals</u> ignorieren oder gar dulden
- Nicht nur reagieren, sondern auch agieren
- Auch unangenehme Themen offen ansprechen
- Schaffe ein gutes Klima mit Regeln und Menschenliebe
- Halte die Augen offen und guten Kontakt
- Nimm die Belange der Jugendlichen ernst
- Akzeptiere keine Verharmlosungen oder Ausreden
- Sehe Mobber auch als Experten und arbeite mit ihnen
- Bilde dich weiter fort und suche den Kontakt zu Profis

13. Nach - denken

„Du und ich: Wir sind eins. Ich kann dir nicht wehtun, ohne mich zu verletzen." Mahatma Gandhi

Zunächst eine kleine kitschige Geschichte:

Im Frühjahr erwachen die Kröten aus ihrer Winterstarre. Die Tiere machen sich dann auf den Weg zu genau dem Gewässer, in dem sie selbst aufgewachsen sind und sich von einer Kaulquappe in eine Kröte verwandelt haben. Hier wollen sie ihre Eier ablegen, doch mittlerweile haben Menschen eine Autobahnerweiterung in ihren gewohnten Weg gebaut. Unzählige Kröten hüpfen über eine Wiese auf die Autobahn und finden dort den Tod. Ein kleines Mädchen nimmt behutsam Kröte für Kröte in die Hand und bringt sie einzeln zu dem einen kleinen Krötentunnel, welcher unter der Autobahn hindurchführt. Da kommt ein Mann vorbei. Er geht zu dem Mädchen und sagt: „Du dummes Kind! Was du da machst ist vollkommen sinnlos. Siehst du nicht, dass die ganze Wiese voll von Kröten ist? Alle wirst du niemals retten können. Was du da tust, wird den ganzen Kröten nichts nützen!" Das Mädchen nimmt seelenruhig eine Kröte in die Hand, streichelt sie, geht mit ihr zum Tunnel und sagt:

„Dieser Kröte aber nützt es etwas!"

Du kannst wahrscheinlich nicht die ganze Welt ändern, aber du kannst dich für einzelne einsetzen. Schulen und Vereine spiegeln meist die Stimmung unserer Leistungs- und Ellbogengesellschaft wieder. Es werden Einzelkämpfer und <u>nicht</u> Teamplayer herangezogen. Oft sind da im Fernsehen, bei YouTube usw. schlechte Vorbilder. Es wird über andere hergezogen und sich über sie lustig gemacht. Dissen, Haten und Pranken sind häufige Praktiken. Es wird dann gerne die Schuld bei den Jugendlichen gesucht. Doch sind es nicht die Erwachsenen, die diese Welt erschaffen, dieses Verhalten vorleben und dadurch fördern?

Warum habe ich eigentlich einen übergewichtigen Jungen als Mobbing-Betroffenen genommen? Ist das nicht zu sehr **Klischee**? In unserer Gesellschaft ist es größtenteils verpönt, aufgrund der Herkunft oder der Hautfarbe Menschen zu diskriminieren. Doch „*Dicke*" sind nach Meinung vieler in unserer Leistungsgesellschaft selbst schuld. „*Die müssen doch nur einfach weniger essen!*" Deshalb findet man auch so viele Dicken-Witze und Lieder im Internet. Es ist in unserer Gesellschaft akzeptierter sich über Übergewichtige lustig zu machen als über Juden oder Schwarze. Schön wäre doch eine Welt, in der wir uns weder über Juden noch über Schwarze noch über Übergewichtige lustig machen müssten.

Und dafür solltest du dich fragen:

„In was für einer Welt möchte ich leben und was kann ich dazu beitragen?"

„Dif-tor heh smusma!"

14. Weitere Informationen

„In der Wut verliert der Mensch seine Intelligenz."
Dalai Lama

AJS: **Mobbing unter Kindern und Jugendlichen**; Essen 2009

Beck, Detlef / Blum, Heike: **No Blame Approach**; Köln 2016

Herpell, Gabriela / Schäfer, Mechthild: **Du Opfer!**; Hamburg 2012

Kindler, W.: **Schnelles Eingreifen bei Mobbing**; Mülheim 2009

Weckert, Al: **GfK für Dummies**; Weinheim 2013

Wolmerath, Martin: **Mobbing**; Augsburg 2008

Gute und günstige Bücher gibt es von der:

Edition Zebra der Gewalt Akademie Villigst

Tel.: 02304 – 755190   Fax: 02304 – 755295

Internet: **www.gewaltakademie.de**

Weitere Informationen im Internet:

www.buddy-ev.de

www.fairaend.de

www.standingtraining.de

http://www.inqa.de/SharedDocs/PDFs/DE/Publikationen/hilfe-gegen-mobbing-am-arbeitsplatz.pdf

„Auch mit einer Umarmung kann man einen Gegner bewegungsunfähig machen." Nelson Mandela

„… oder einen Overhook ansetzen!" BJJ-Regel

Tim Bärsch

- Jahrgang 1972, Sohn, Enkel, Vater, Ehe- und Mann u.v.m.
- Diplom-Sozialarbeiter / Diplom-Sozialpädagoge
- Rassismus- und Rechtsextremismus-Präventions-Trainer
- AAT®-, CT®-, KISS-, WingTsun- u. Deeskalationslehrtrainer
- Systemischer und NLP-Coach (ProC / DVNLP)
- Erfahrungen in vielen Bereichen der Gewaltprävention

BaER® Deeskalation
Bewältigung **a**ggressiver **E**motionen & **R**eaktionen
Deeskalation und Gewaltprävention
Internet: www.baer-sch.de
Email: kontakt@baer-sch.de

16. Fragen zum Buch

„Aus dir wird nie was Richtiges werden."
Angeblich ein Münchner Gymnasiallehrer zu seinem
zehnjährigen Schüler Albert Einstein

Hier ein paar Fragen zu deinem Lernerfolg:

1. Welche Erklärungen nutzen Timur und Paul, weshalb sie Justin *ärgern*?

2. Was kannst du gegen Mobbing unternehmen?

3. Musstest du bei einigen der Witze im Buch grinsen? Wenn ja, warum? Wenn nein, warum grinsen andere darüber?

4. Nenne wenigstens drei Straftaten, die die Schüler zum Nachteil von Justin begangen haben. Welche Höchststrafen würden ihnen als Erwachsene drohen?

5. Was ist Stalking?

6. Nenne mögliche Gründe, warum Paul Justin mobbt.

7. Was kannst du tun, wenn du gemobbt wirst?

8. Warum ist Mobbing im Internet oft noch grausamer?

9. Wie kann man ein gutes Gruppenklima schaffen?

10. Was könnte in der fünften Einheit besprochen werden?